4P ग्रोथ फ्रेमवर्क

सरिया डीलरशिप
प्रॉफिट को साल-दर-साल
3 गुना बढ़ाने का सूत्र

4P ग्रोथ फ्रेमवर्क

सरिया डीलरशिप
प्रॉफिट को साल-दर-साल
3 गुना बढ़ाने का सूत्र

गोपाल राठी | ध्रुव राठी

Worldwide Published by
Pendown Press

PENDOWN PRESS LLP
An ISO 9001 & ISO 14001 Certified Co.
Regd. Office 3767A, Kanhaiya Nagar,
Tri Nagar, Delhi-110035
Ph.: 8180886000, 9650072927, 8595249536
E-mail: info@pendownpress.com
Branch Office 1A/2A, 20, Hari Sadan, Ansari Road,
Daryaganj, New Delhi-110002
Ph.: 011-45794768
Website: PendownPress.com

First Edition: 2023

ISBN: 978-93-5554-957-0

Layout and Cover Designed by Pendown Graphics Team
Printed and Bound in India by Thomson Press India Ltd.
Translation by Pendown Press Translation Team

समर्पण

हम बड़े ही प्यार से इस पुस्तक को
अपने माता-पिता, श्री अनिल राठी
और श्रीमती उर्मिल राठी को समर्पित करते हैं। उनके
निस्वार्थ स्नेह, समर्थन और त्याग के बिना, हम कभी भी
वो हासिल नहीं कर पाते जो हम करने में सक्षम रहे हैं।
वे हमारी प्रेरणा और कुछ बड़ा करने
के अनंत स्रोत बने हुए हैं।

विषय-सूची

प्रस्तावना

क्या आप टी.एम.टी. बार डीलर हैं? या टी.एम.टी. बार में अपना करियर बनाने को उत्सुक हैं? या, फिर कोई ऐसे व्यक्ति हैं जो किसी बड़े व्यावसायिक अवसर की तलाश में हैं?

यदि आप ऊपर दी गई किसी भी केटेगरी में आते हैं और टीएमटी बार ईकोसिस्टम में अत्यधिक सफल उद्यमी बनने को उत्सुक हैं, एक ऐसा करियर चाहते हैं जो आपकी निजी समृद्धि ही नहीं, बल्कि पूरे देश के आर्थिक विकास में महत्वपूर्ण योगदान दे, तो यह पुस्तक सिर्फ आपके लिए बनी है।

चाहे आप पहले से ही अनुभवी डीलर हों, नए डीलर हों या बस शुरुआत करना चाहते हों- यह पुस्तक एक सफल टी.एम.टी. बार डीलरशिप चलाने हेतु आपके लिए एक मार्गदर्शक बनेगी, आपकी सफलता का ब्लूप्रिंट तैयार करेगी।

टी.एम.टी. बार का वैश्विक बाजार है। इसमें आप सब लोगों के लिए पर्याप्त संभावनाएं मौजूद हैं। हालाँकि, बड़े अवसर अनायास ही नहीं मिल जाते। इसकी चुनौतियाँ भी होती हैं। उस स्तर पर प्रतिस्पर्धा भी तीव्र होती है, सिर्फ ग्राहकों को अच्छी क्वालिटी, ज्यादा फायदे, और बेहतर ग्राहक सेवा उपलब्ध कराने तक ही यह चुनौती सीमित नहीं होती, बल्कि यह चुनौती निचले स्तरों तक भी चली जाती है जैसे कम से कम कीमत पर सामान बेचने की होड़ या 'प्राइसवॉर।'

परंतु, इसका मतलब यह नहीं है कि कोई नया डीलर इस इंडस्ट्री में बहुत बड़ी सफलता की उम्मीद नहीं कर सकता, उसे हासिल नहीं कर सकता। यदि बेहतर रणनीति अपनाई जाए, सही लोगों से पार्टनरशिप

हो, और इस इंडस्ट्री से जुड़े लोगों का सहयोग मिलता रहे, तो कोई भी व्यक्ति टीएमटी बार डीलरशिप में अपना अच्छा-खासा मुकाम बना सकता है और उसे लंबे समय तक बनाए रख सकता है।

इस पुस्तक में प्रमाणिक तथ्यों के आधार पर आपके लिए व्यावहारिक सलाह और कार्रवाई योग्य कदमों का वर्णन किया गया है जो निश्चय ही टीएमटी डीलरशिप की आपकी यात्रा में अत्यधिक उपयोगी साबित होंगे।

"फोर पी ग्रोथ फ्रेमवर्क"-
"टीएमसी की डीलरशिप में तीन गुना और लगातार ग्रोथ पाने के लिए सुनिश्चित विज्ञान"

यह पुस्तक केवल आपको सिद्धांत या थ्योरी ही नहीं, बल्कि उसका प्रॅक्टिकल भी करके दिखाती है। साथ ही आपको यह भी बतलाती है कि इसे लागू कर आप टीएमटी बार डीलरशिप से जुड़ी चुनौतियों का सामना कैसे कर सकते हैं और सफल डीलर बनने की राह को आसान बना सकते हैं। संक्षेप में कहें तो यह पुस्तक आपको केवल सफलता के सूत्र ही नहीं देती, बल्कि आपको सफल भी बनाती है।

'इस पुस्तक को पूरा पढ़ने पर आप इसमें दिए गए फ्रेमवर्क का उपयोग करके हर रोज आने वाली चुनौतियों से पार पा सकेंगे और सफलता के रास्ते पर बिना किसी रुकावट के लगातार आगे बढ़ने में महारत हासिल कर लेंगे।'

यह पुस्तक चुनने के लिए आपका बहुत-बहुत धन्यवाद; इस पुस्तक को चुनने से यह साबित हो जाता है की आप अपने टीएमटी डीलरशिप बिजनेस को लेकर कितने समर्पित हैं। हम आपको विश्वास दिलाना चाहते हैं कि इस पुस्तक को पढ़ने में आप जो समय लगाएंगे उससे आपको निश्चय ही फायदा होगा।

आइए, ग्रोथ और प्रोफिटेबिलिटी की यात्रा शुरू करें।

आभार

इस पुस्तक को लिखना एक चुनौती भरा लेकिन बेहद संतोष देने वाला कार्य रहा है। कई लोगों के सहयोग से हमारी यह यात्रा सहज और आसान हो गई है। हम उन सभी लोगों के आभारी हैं जिन्होंने प्रत्यक्ष या अप्रत्यक्ष रूप से इस पुस्तक को सफल बनाने में योगदान दिया है।

सबसे पहले हम अपने परिवार का विशेष आभार व्यक्त करना चाहेंगे क्योंकि जो समय हमें अपने परिवार को देना चाहिए था उसे हमने यह पुस्तक लिखने में लगाया है। उनके निस्वार्थ सहयोग, समर्थन और निष्ठापूर्ण व्यवहार के लिए हम उनका आभार व्यक्त करते हैं।

इस पुस्तक हेतु अपना अमूल्य योगदान देने के लिए हम अपने मेंटर, श्री अक्षर यादव जी के आभारी हैं, जिन्होंने हमेशा हमारा मार्गदर्शन किया है।

हमारे बिजनेस कोच राहुल जैन जी का धन्यवाद जिन्होंने हमें प्रगति के लिए प्रेरित किया और इस बिजनेस में उत्कृष्टता हासिल करने में काफी सहायता की।

हमारे जी.ओ. कम्यूनिटी के दोस्तों से मिली मदद और सही मार्गदर्शन के लिए हम डंके की चोट पर उन सबके प्रति आभार व्यक्त करते हैं। जी.ओ. कम्यूनिटी के सदस्यों से मिलने वाला प्रोत्साहन हमारे लिए निश्चय ही बड़ा सुखदायी होता है।

टीएमटी बार डीलरशिप के कामकाज के बारे में विस्तृत जानकारी देने के लिए हम दिल की गहराइयों से अपने डीलर्स और डिस्ट्रीब्यूटर्स का विशेष आभार व्यक्त करते हैं।

साथ ही, हम इस पुस्तक को लिखने की शुरूआत करने से लेकर अपने पाठकों के समक्ष इस रूप में प्रस्तुत करने तक हमारा सहयोग और मार्गदर्शन करने वाले पेनडाउन प्रेस के सी.ई.ओ. श्री दिनेश वर्मा और उनकी सुयोग्य टीम को धन्यवाद देना चाहते हैं।

टी.एम.टी. बार्स की विशाल बाजार क्षमता का पता लगाना और उसका दोहन करना

भारत में टी.एम.टी. बार की मांग में इस समय जबरदस्त तेजी देखी जा रही है।

2023 और उसके बाद भारत में अत्यधिक तीव्र गति से विकास किए जाने की आवश्यकता की पूर्ति काफी हद तक कुछ महत्वपूर्ण क्षेत्रों में तेज विकास किए जाने पर होगी, जिसमें इन्फ्रास्ट्रक्चर का विकास अहम होगा। भारत के विकास लक्ष्य पाने का कार्य मजबूत और अत्याधुनिक इन्फ्रास्ट्रक्चर के निर्माण से ही संभव हो सकेगा। भारत को 26 ट्रिलियन अमेरिकी डॉलर की अर्थव्यवस्था बनाने में इन्फ्रास्ट्रक्चर की भूमिका नि:संदेह महत्वपूर्ण होगी। इसके विकास से ही उद्योगों के विकास को गति मिलेगी, औद्योगिक प्रगति हो पाएगी, और तेज आर्थिक विकास संभव हो पाएगा। सरकार भी इसको लेकर गंभीर है। ऐसी नीतियों को लागू किया जा रहा है जो पूरे देश में विश्वस्तरीय इन्फ्रास्ट्रक्चर का समयबद्ध तरीके से निर्माण सुनिश्चित करेंगी।

प्रधान मंत्री नरेंद्र मोदी ने भी हाल ही में दोहराया था कि सभी सेक्टरों में आशा के अनुरूप सफलता पाने के लिए मजबूत और अत्याधुनिक इन्फ्रास्ट्रक्चर का निर्माण अनिवार्य है।

भविष्य के इन्फ्रास्ट्रक्चर के निर्माण को लेकर सरकार ने अपनी मंशा स्पष्ट कर दी है। इसने हाल ही में इन्फ्रास्ट्रक्चर के लिए 1.3 ट्रिलियन अमेरिकी डॉलर का राष्ट्रीय मास्टर प्लान- 'गति शक्ति' शुरू

कर दिया है, जिसका सकारात्मक प्रभाव अभी से ही दिखने लगा है।

देश के विनिर्माताओं को बेहतर से बेहतर इन्फ्रास्ट्रक्चर उपलब्ध कराना सरकार के एजेंडे में प्रमुखता से शामिल है और इसका एक बड़ा कारण यह है कि मजबूत इन्फ्रास्ट्रक्चर का जाल, तैयार माल के आवागमन को सुलभ बनाएगा, माल ढुलाई प्रभावी तरीके से होगी और लागत कम लगेगी।

'स्मार्ट सिटीज मिशन' और 'सभी के लिए आवास' ये दोनों कार्यक्रम बुनियादी ढांचे के विकास की ओर उठाए गए महत्वपूर्ण कदम हैं। निर्माण उद्योग को इस पहल से लाभ मिलना शुरू हो गया है और आने वाले दिनों में इसमें और भी अधिक वृद्धि होगी। विश्व के बहुत सारे देशों ने भारत की इस पहल को सराहा है और वे अपना योगदान देने के लिए आगे आ रहे हैं। उदाहरण के लिए सऊदी अरब को ही ले लें। यह देश भारत में ऊर्जा, पेट्रोकेमिकल्स, रिफाइनरी, बुनियादी ढांचे, कृषि, खनिज और खनन में 100 बिलियन अमेरिकी डॉलर तक निवेश करना चाहता है।

इन्फ्रास्ट्रक्चर बहुत बड़ा सेक्टर है। इसमें बिजली, पुल, बांध, सड़क और शहरी बुनियादी ढांचा विकास शामिल हैं। चूंकि 'विकास' का क्रम इससे जुड़ा हुआ है, चाहे वह हाउसिंग हो, टाउनशिप हो, बिल्ट-अप इन्फ्रास्ट्रक्चर हो, कंस्ट्रक्शन प्रोजेक्ट्स हों, इसलिए यह कहना गलत नहीं होगा कि इन्फ्रास्ट्रक्चर भारत के आर्थिक विकास का 'ड्राइवर' है।

और इसलिए 2025 तक 5 ट्रिलियन अमेरिकी डॉलर की अर्थव्यवस्था बनने का भारत का लक्ष्य पूरा करने के लिए, बुनियादी ढांचे का विकास समय की आवश्यकता है। सरकार ने इन्फ्रास्ट्रक्चर क्षेत्र के विकास को बढ़ावा देने के लिए 'मेक इन इंडिया' और उत्पादन से जुड़े प्रोत्साहन जैसे कि पी.एल.आई. (प्रोडक्ट-लिंक्ड इंसेंटिव्स) योजना

जैसे अन्य कदमों के साथ नेशनल इन्फ्रास्ट्रक्चर पाइपलाइन या राष्ट्रीय बुनियादी ढांचा पाइपलाइन (एन.आई.पी.) शुरू की है।

सरकार की इन्फ्रास्ट्रक्चर को बढ़ावा देने की प्रतिबद्धता का अंदाजा महज इस बात से लगाया जा सकता है कि 2023-24 के केंद्रीय बजट में इन्फ्रास्ट्रक्चर सेक्टर को आवंटित की जाने वाली राशि को 33% बढ़ा दिया गया है। इस सेक्टर में खर्च की जाने वाली राशि आगामी बजट में कुल ₹10 लाख करोड़ (यू.एस + 122 बिलियन) होगी, जो जीडीपी का 3.3% और 2019-20 की तुलना में लगभग तीन गुना होगा।

अब चूँकि कोविड-19 वैश्विक महामारी पूरी तरह से खत्म हो गई है, निम्नलिखित 20 भारतीय मेगा प्रोजेक्ट और प्रौद्योगिकियां हमारे देश की दशा और दिशा बदलने के लिए कमर कस चुके हैं-

बुलेट ट्रेन	इसरो का सोलर मिशन
भारत में हाइपरलूप प्रोजेक्ट	मुंबई ट्रांस हार्बर लिंक
गगनयान	**सेतु भारतम**
ग्लेशियरों के बीच से दुनिया की पहली मोटर वाहन चलाने योग्य सड़क	कल्पसर परियोजना
विश्व का सबसे ऊँचा रेल पुल: चिनाब पुल	भारतमाला प्रोजेक्ट
चार धाम एक्सप्रेस वे	इंडियन रिवर्स इंटर-लिंक प्रोजेक्ट
चार धाम रेलवे	जांस्कर हाईवे
मुंबई दिल्ली एक्सप्रेस वे	भारत में इलेक्ट्रिक वेहिकल इंडस्ट्री का विस्तार
शहरों में नई मेट्रो लाइनें	भारत में 5जी की लॉन्चिंग
सागर माला प्रोजेक्ट	भारतीय क्षेत्रीय नेविगेशन उपग्रह प्रणाली

देश के इन्फ्रास्ट्रक्चर का मजबूती से विकास होने और निर्माण गतिविधियों में तेजी आने के साथ ही, टी.एम.टी. बार (निर्माण उद्योग में) की मांग आसमान छूने लगी है।

'सभी के लिए आवास' और 'स्मार्ट सिटीज' के विकास जैसे कदमों पर सरकार के विशेष ध्यान ने इस मांग को और भी बढ़ा दिया है। इसके अतिरिक्त, बढ़ते शहरीकरण और बढ़ती जनसंख्या के कारण देश भर में आवासीय और कमर्शियल कंस्ट्रक्शन प्रोजेक्ट्स में भी वृद्धि हुई है और इन सबका असर कहीं न कहीं टीएमटी बार की डिमांड पर पड़ा है।

आज, स्टील विनिर्माता टी.एम.टी. बार के ऑर्डरों में बढ़ोत्तरी होने का प्रत्यक्ष अनुभव कर रहे हैं। उन्हें लगातार बढ़ती मांग को पूरा करने के लिए अपनी उत्पादन क्षमता को बढ़ाना पड़ रहा है और यह रुझान निश्चय ही भारत में टी.एम.टी. बार उद्योग के लिए बेहतर और उत्साहजनक भविष्य का संकेत देता है।

भारत में टी.एम.टी. बार की आपूर्ति की वर्तमान स्थिति में कई सारे कारक शामिल हैं। हालाँकि टी.एम.टी. बार की मांग लगातार बढ़ रही है, लेकिन इसकी आपूर्ति व्यवस्था में कहीं न कहीं कमी नजर आ रही है। हालाँकि इसकी मांग के हिसाब से इसकी आपूर्ति नहीं हो पाने के पीछे बहुत सारे कारण हैं। इसमें कोई संदेह नहीं की लौह अयस्क (iron ore) और कोयले जैसे कच्चे माल की उपलब्धता में उतार-चढ़ाव ने टी.एम.टी. बार के उत्पादन को प्रभावित किया है। इसके अलावा, तैयार माल को मांग वाली जगह पर ले जाने में होने वाली असुविधा और कठिनाइयों का भी टी.एम.टी. बार की आपूर्ति पर नकारात्मक प्रभाव पड़ा है।

ऐसा नहीं है कि स्टील निर्माता बढ़ती मांग को पूरा करने के लिए हाथ पर हाथ रखकर बैठे हैं। वे भी अपनी उत्पादन क्षमताओं का विस्तार करने और अपनी आपूर्ति व्यवस्था को सुव्यवस्थित करने की दिशा में लगातार काम कर रहे हैं। सच तो यह है कि निर्माण उद्योग के लिए आवश्यक टीएमटी बार की आपूर्ति में हो रही असुविधाओं और रुकावटों को दूर करने के लिए उसके निर्माता और इस उद्योग से जुड़े लोग हर संभव प्रयास कर रहे हैं।

इस उद्योग में विकास की असीमित क्षमता है। जो लोग आज इस उद्योग से जुड़ते हैं, इसकी बारीकियों को सीख लेते हैं, नैतिकता के बंधन में बँध कर काम करते हैं, किसी भी तरह के कदाचार से दूर रहते हैं, बेहतर से बेहतर टीएमटी बार समय पर देने के प्रति प्रतिबद्ध रहते हैं, तो निश्चय ही भविष्य में यह उद्योग उन्हें उन्नति और प्रगति की बुलंदियों तक ले जाएगा।

टी.एम.टी. डीलरशिप की मौजूदा स्थिति

निर्माण गतिविधियों और इन्फ्रास्ट्रक्चर के प्रोजेक्ट्स में वृद्धि के साथ, टी.एम.टी. बार की मांग लगातार बढ़ रही है। भारत में टी.एम.टी. खुदरा दुकानों की मौजूदा स्थिति काफी रोचक लेकिन प्रतिस्पर्धा या कम्पीटीशन वाली है। इसमें रोज कुछ न कुछ नयापन होता रहता है।

इससे देश भर में टी.एम.टी. बार में विशेषज्ञता रखने वाली खुदरा दुकानों की संख्या में बढ़ोत्तरी हुई है। ये खुदरा दुकानें घर के मालिकों, ठेकेदारों और बिल्डरों सहित कई तरह के ग्राहकों की जरूरतों को पूरा करती हैं। वे टी.एम.टी. बार के कई तरह के ब्रांड और ग्रेड अपनी दुकानों में रखते हैं, जिससे ग्राहकों को अपनी पसंद के ब्रांड और ग्रेड का चुनाव करने के लिए अच्छा-खासा 'रेंज' मिल जाता है। इसके अलावा, आजकल कई खुदरा दुकानें अपने प्रोडक्ट्स को डिजिटल

प्लेटफॉर्म पर भी 'डिस्प्ले' कर रही हैं, जिससे ग्राहकों के लिए ऑनलाइन टी.एम.टी. बार का पता लगाने और खरीदने के बेहतर विकल्प बढ़ जाते हैं।

आज टीएमटी बार का ऑनलाइन और ऑफलाइन कम्पीटिटिव मार्केट स्थापित हो चुका है और इससे सबसे अधिक फायदा ग्राहकों को ही होता है क्योंकि कम्पीटीशन के कारण उन्हें बेहतर ग्राहक सेवा के साथ-साथ कम कीमत पर टीएमटी बार मिल जाता है।

अगले कुछ वर्ष भारत के टी.एम.टी. बार डीलरों के लिए सबसे सुनहरे वर्ष होने वाले हैं। इनके उज्जवल भविष्य का कारण है तेजी से विकसित हो रहे कंस्ट्रक्शन और इन्फ्रास्ट्रक्चर सेक्टर्स। भारत में अभी शहरीकरण और औद्योगिकीकरण की दौड़ चल रही है, जिसके चलते आवासीय और वाणिज्यिक स्थानों (रेसिडेंशियल और कमर्शियल स्पेस) की मांग में जबरदस्त तेजी आई है, साथ ही सड़कों, पुलों और बिजली संयंत्रों जैसे बुनियादी ढांचों का भी लगातार विकास हो रहा है।

टी.एम.टी. बार को इसकी बेहतर ताकत और स्थायित्व के लिए जाना जाता है इसलिए यह एक आवश्यक निर्माण सामग्री या कंस्ट्रक्शन मटेरियल है। इसलिए, टी.एम.टी. बार डीलरों को इस विकास प्रक्षेपवक्र (ग्रोथ ट्रेजेक्टरी) से लाभ होगा।

खतरों को भाँपना

हालाँकि टी.एम.टी. बार डीलरों के लिए अनंत संभावनाएं हैं, परंतु इनके लिए सबसे बड़ी चुनौती है बाजार के भीतर मौजूद जबरदस्त प्रतिस्पर्धा (कॉम्पिटिशन)।

निर्माण उद्योग में आई तेजी के कारण बाजार में कई टी.एम.टी. बार विनिर्माता और डीलर उभरे हैं, जिनसे कम्पीटीशन काफी बढ़ गया है।

यह प्रतिस्पर्धा डीलरों पर खुद को अलग साबित करने, ग्राहकों को आकर्षित करने, बेहतर से बेहतर सेवा देने, कीमतों को काफी कम रखने के लिए दबाव बना सकती है। इस तरह के दवाबों से डीलर का प्रॉफिट कम हो सकता है। साथ ही, कच्चे माल की कीमतों में आने वाले उतार-चढ़ाव भी टी.एम.टी. बार डीलरों के प्रॉफिट को प्रभावित कर सकते हैं। इसके अतिरिक्त, मुद्रास्फीति, रूपये की अंतर्राष्ट्रीय कीमतों में उतार-चढ़ाव और सरकारी नीतियों जैसे आर्थिक कारक भी उद्योग के लिए चुनौती पैदा करते हैं।

इस प्रतिस्पर्धी माहौल में दूसरे डीलर से आगे रहने के लिए टी.एम.टी. बार डीलरों के लिए बाजार की बदलती गतिशीलता के अनुरूप ढलना, 'क्वालिटी स्टैण्डर्ड' को बनाए रखना और ग्राहकों की संतुष्टि पर ध्यान देना आवश्यक होता है।

यदि आप इस तेजी से बढ़ते और लाभदायक बनते जाते उद्योग का हिस्सा हैं.....

तो, बधाई हो! आप सही समय पर सही जगह पर हैं!

हालाँकि, लाख टके का सवाल यह है: क्या आप सही काम कर रहे हैं?

60 से भी अधिक वर्षों के अब तक के संयुक्त अनुभव में, हम हजारों डीलरों से मिले हैं और टी.एम.टी. डीलरों के रूप में उनके बिजनेस की बारीकियों को समझा है। हमने जो यात्राएँ देखीं उनमें हमारे ब्रांड के 50 वर्ष पुराने डीलर और हमारे ब्रांड के 7 दिन पुराने डीलर की यात्रा भी शामिल थी।

आश्चर्य की बात यह है कि उनके सामने आने वाली परिस्थितियाँ भी कमोबेश एक जैसी ही थीं।

यदि इन स्थितियों पर काबू नहीं पाया गया, तो उनके व्यवसाय की वृद्धि रुक जाएगी या साल-दर-साल केवल नाममात्र की वृद्धि होगी।

डीलरशिप के बिजनेस को नाममात्र वृद्धि ही होने के अलावा, बाजार में पैसा फंसने, डीलरशिप बिजनेस में शामिल होने में नई पीढ़ी द्वारा दिलचस्पी न लिए जाने, ग्राहकों द्वारा डीलरशिप को ब्लैकलिस्ट किए जाने आदि जैसी चुनौतियों का भी सामना करना पड़ सकता है।

पुस्तक के अगले भाग में, हम आपको '4-पी ग्रोथ फ्रेमवर्क' की बारीकियाँ बताएंगे, जिससे आप अपने डीलरशिप व्यवसाय को तीन गुना बढ़ा सकेंगे। साथ ही, हम आपको वास्तविक जीवन से जुड़ी कुछ ऐसी स्थितियों की भी जानकारी देंगे जिनके कारण टीएमटी डीलरशिप की वृद्धि थम-सी जाती है। हमारे इस फ्रेमवर्क का उपयोग करके आप इन चुनौतियों का सफलतापूर्वक सामना कर पाएंगे और उनको काबू कर सकेंगे।

यह फ्रेमवर्क आपकी डीलरशिप को दूसरों से बेहतर और शांतिपूर्ण व्यावसायिक विकास करने में समर्थ बनाएगा। इस ढांचे का उपयोग करके आप व्यावसायिक विकास के अलावा, आम चुनौतियों/स्थितियों पर सफलतापूर्वक काबू पाकर काफी चीजें हासिल कर सकते हैं, जैसे-

1. कम से कम समय लगा कर सबसे तेजी से रिपीट बिजनेस हासिल करना।

2. कई आउटलेट्स तक अपना विस्तार करना।

3. निश्चिंतता (हर रोज चैन की नींद लेना)।

4. बाजार पर पकड़ बनाना।

5. व्यवस्थित, प्रक्रिया-संचालित दृष्टिकोण।

6. बेहतर व्यावसायिक अनुभव।

लेकिन इससे पहले कि हम आगे बढ़ें, हम चाहेंगे कि आप इस अभ्यास में भाग लें और उन स्थितियों की सूची बनाएं जो आपको मनचाहा विकास हासिल नहीं करने दे रही हैं। जब आप यह किताब पढ़ लेंगे, तो आपको इस बात की सटीक जानकारी हो जाएगी कि ऊपर दिए गए किस फ्रेमवर्क को अपने मामले में लागू करना है और चुनौती से कैसे पार पाना है।

____

____

____

____

____

____

____

____

ओह! अभी-अभी मुझे यह लगा है कि हमारा मन आपकी ओर से हमसे पूछ रहा है कि, 'वास्तव में हम कौन हैं जो आपको इतने आत्मविश्वास और गारंटी से यह सब सिखा रहे हैं?'

अभी तक अपना परिचय न देने के लिए हम आपसे क्षमा मांगते हैं। हम गोपाल और ध्रुव राठी हैं, जो टी.एम.टी. बार उद्योग में भारत का पहला और सबसे पुराना नाम...... श्री राठी समूह, के निदेशकों के रूप में बड़े गर्व से राठी समूह की विरासत को आगे बढ़ा रहे हैं।

हालाँकि हमारे ग्रुप की पिछले 80 वर्षों की साख और देश के विकास में योगदान का इस इंडस्ट्री के बाहर-भीतर के लगभग सारे लोगों को पता है, आइए हम आपको अपने ग्रुप के गौरवमयी इतिहास और विरासत से रू-ब-रू कराते हैं। आप खुद ही जान जाएंगे हमारे गहरे ज्ञान और उच्च आत्म विश्वास का रहस्य।

राष्ट्र की सेवा में राठी समूह के गौरवशाली 80 वर्ष!

विरासत की बुनियाद

आज जिस राठी स्टील ग्रुप की मौजूदगी हम देश भर में देखते हैं, उसकी जड़ें दरअसल अविभाजित भारत (स्वतंत्रता से पहले) के राजस्थान राज्य में है, जो अब पाकिस्तान का हिस्सा है। 18 वीं शताब्दी में किसी वर्ष राठी परिवार दिल्ली आ गए थे।

यह जानना बेहद दिलचस्प है कि यह परिवार आज संपूर्ण जगत में स्टील व्यवसाय के लिए जाना जाता है लेकिन शुरू में इस परिवार ने इस स्टील व्यवसाय में कोई रुचि नहीं ली। राठी ग्रुप के संस्थापक सेठ गोरधन दास जी राठी ने अपने भाइयों की मदद से कपड़े का व्यापार शुरू किया था। चांदनी चौक के कटरा अशर्फी इलाके में इनकी एक छोटी-सी दुकान हुआ करती थी।

गोरधन दास जी के भाई लोग अहमदाबाद, गुजरात से साड़ी के लिए कच्चे माल लाया करते थे और फिर इससे साड़ियाँ तैयार कर दिल्ली में बेचा करते थे। इनकी कड़ी मेहनत, व्यवसायिक समझ और व्यापार करने के उच्च नैतिक आदर्श के चलते उनका बिजनेस जोर-शोर से चलने लगा और वे सफलता और समृद्धि के रास्ते पर चल पड़े। उन्नीसवीं शताब्दी में किसी वर्ष इन भाइयों ने गोरधन दास जी के नेतृत्व में दिल्ली के 'प्राइम लोकेशन' नई सड़क, चांदनी चौक में जमीन खरीदी।

कटरा में एक छोटी सी किराए की दुकान से शुरु करके, राठी ग्रुप ने अपनी मेहनत, लगन और समझ से वहां पर अपनी खुद की कोठी बना ली, एक छह मंजिला इमारत और स्वाभाविक रूप से उस कोठी का नाम राठी कटरा दिया। वास्तव में यह एक बहुत बड़ी उपलब्धि थी। यह इमारत उस समय के बने मकानों में सबसे अच्छी थी। नीचे की चार मंजिलों में कपड़ा बाजार था, जबकि ऊपर की दो मंजिलों में पूरे राठी परिवार का निवास था।

बिजनेस बुलंदियों पर था। राठी परिवार अब उस समय के चंद ऐसे परिवारों में शामिल हो चुका था जिसके पास जरूरत और विलासिता से जुडी सारी चीजें उपलब्ध थीं....... अपनी कोठी, घोड़े की गाड़ी, घोड़े और काफी अधिक संख्या में सिक्योरिटी और घरेलु स्टाफ।

राठी परिवार बड़े ही ठाठ-बाठ से बिजनेस और जीवन-यापन कर रहा था। परंतु, उन्हें नहीं मालूम था कि उनके जीवन में जल्द ही कुछ अप्रिय घटने वाला है।

किसी भी अन्य दिन की तरह, 1920 के दशक में अहमदाबाद की अपनी एक यात्रा से लौटने पर, सेठ गोरधन दास जी राठी को पता चला कि उनकी दुकान में कपड़े का पूरा स्टॉक एक ही व्यापारी को बेच दिया गया। गोरधन दास जी यह जानकर काफी तनाव में आ गये क्योंकि उन्हें लगा कि यह सही निर्णय नहीं था, और आगे चलकर, वे सही साबित हुए।

इस व्यापारी ने खुद को दिवालिया घोषित कर दिया, जिसके चलते आज से 100 साल पहले के समय में राठी परिवार को 10 लाख से भी अधिक का चौंकाने वाला भारी नुकसान हुआ।

इसके कारण, परिवार को भारी आर्थिक नुकसान उठाना पड़ा। इनके बिजनेस की बुलंदियां, ऐशो-आराम, नौकरों-चाकरों की ठाठ-बाठ को मानो दुनिया की नजर लग गयी। देखते ही देखते पूरा परिवार अर्श से फर्श पर आ गया। लेकिन बुद्धिमान लोग कहते हैं ना कि जो उपाय सामान्य दिनों में बेतुका लगता है, वही उपाय संकट के समय में सामान्य और सटीक लगता है।

और इस घोर संकट की स्थिति से अपने परिवार को उबारने के लिए ऐसा ही कुछ किया सेठ गोरधन दास जी ने। उन्होंने दबावों से दबने के बजाय दूरदृष्टि से काम लिया। अपने इरादों में स्टील-सी दृढ़ता दिखाई, अपने हिमालयी व्यक्तित्व का परिचय दिया।

विलासिता का जीवन जीने के बावजूद, वे एक जमीनी व्यक्ति थे। अपने परिवार को मौजूदा संकट से बाहर निकलने के लिए इन्होंने कुछ कठोर निर्णय लिए, जैसे कि सभी गार्डों को हटाना, ड्राइवर को घोड़ा गाड़ी मुफ्त में देकर घोड़े पर प्रति मास होने वाले खर्चे को खत्म करना, प्रत्येक कमरे में सिर्फ एक लाइट जलाना, मुख्य दरवाजे सहित सभी दरवाजों को बिना किसी नौकर-चाकर की मदद से खुद बंद करना आदि। ये सब उपाय लागत में कटौती करने के लिए किए गए थे।

इस व्यावसायिक आपदा के बाद जब सेठ गोरधन दास जी राठी कपड़ा खरीदने के लिए अहमदाबाद गये तो कोई भी मिल मालिक उन्हें उधार में सामान देने को तैयार नहीं था। लेकिन चरित्रवान और ईमानदार पुरुष पूरी तरह से एक अलग ही नस्ल के होते हैं। सेठ गोरधन दास जी ने सभी को आश्चर्यचकित करते हुए कहा- "मुझे उधार पर सामान नहीं चाहिए। मेरे पास कपड़े की एक गठरी खरीदने के लिए पैसे हैं, और मैं केवल एक गठरी ही खरीदूंगा।"

असाधरण साहस और विपरीत से विपरीत परिस्थियों में भी अडिग रहने की अपने अद्भुत प्रकृति के कारण, गोरधन दास जी जल्दी ही

अपने बिजनेस को पटरी पर लाने में सफल हो गए। उन्होंने कपड़े की एक गठरी से, गोता लगाते अपने बिजनेस को गतिमान बना दिया। उनके नैतिक आदर्श, बिजनेस के प्रति समर्पण और उसे पूरी लगन से करने के जुनून का ही यह परिणाम था कि वे अपने बिजनेस के पुराने दिनों को फिर से लौटाने में कामयाब रहे।

और यही ताकत, सत्यनिष्ठा और ईमानदारी आज भी श्री राठी समूह के हर प्रोडक्ट और व्यवसायिक व्यवहार में झलकती है। हम भावना और प्रोडक्ट के मामले में इस सम्मानित लीडर की विरासत को आगे बढ़ा रहे हैं।

स्टील जैसे इरादे रखने वाला व्यक्ति अंततः स्टील इंडस्ट्री में आता है।

व्यवसाय के प्रति हमेशा गहरी समझ रखने वाले सेठ गोरधन दास जी ने 1942 में कॉपर रोलिंग व्यवसाय में बेहतर व्यवसाय का अवसर देखा। इन्होंने तब मौजूदा कपड़ा व्यवसाय को बंद करके अपने छोटे भाई और भतीजे के साथ मिलकर कॉपर रोलिंग की स्थापना की। लोनी रोड, शाहदरा में इन लोगों ने राठी ब्रदर्स के नाम से एक मिल चालू की।

विश्वास की विरासत 1942 से अब तक

द्वितीय विश्व युद्ध के अंत के आसपास शुरू की गयी यह रोलिंग मिल 'राठी बदर्स' के लिए वरदान साबित हुई। यह व्यापार दिन दूनी और रात चौगुनी रफ्तार से आगे बढ़ता चला गया।

- फिर, 1960 के दशक की शुरुआत में, जापान से एक सेमी-ऑटोमैटिक रोलिंग मिल आयात (इम्पोर्ट) की गई, जो उत्तर भारत में अपनी तरह की पहली रोलिंग मिल थी।

- 1964 में, **राठी** ने भारत में टोर स्टील (यह बाजार में सरिया के नाम से जाना जाता है) के निर्माण के लिए भारत के टोर स्टील रिसर्च फाउंडेशन के माध्यम से लक्जमबर्ग के टोर आईएसटीईजी स्टील कॉर्पोरेशन के साथ सहयोग किया। इससे निर्माण गतिविधियों में स्टील की खपत को 40% तक कम करने में मदद मिली।

- *भारत में टी.ओ.आर. स्टील का मैन्युफैक्चरिंग शुरू करने वाली भारत की पहली कंपनी बनना हमारे लिए गर्व और सम्मान की बात है।*

- और इसके साथ ही, भारत के सबसे भरोसेमंद और सबसे प्रसिद्ध ब्रांड सरिया... **'राठी सरिया'** का जन्म हुआ।

- *प्रतिदिन 369 किलोग्राम की मामूली उत्पादन क्षमता के साथ शुरुआत करके, आज* **राठी** *उत्तर भारत का सबसे बड़ा ब्रांड बन चुका है, जो हर साल 21 लाख टन से भी अधिक की बिक्री करता है। यह अन्य ब्रांडों की संयुक्त बिक्री से भी कई गुना अधिक है।*

- और यह सब इसलिए संभव हो पाया है क्योंकि इस समूह की एकजुटता, गुणवत्ता और नैतिकता के कारण बाजार और लोग भारत के सबसे पुराने और सर्वश्रेष्ठ ब्रांड के रूप में राठी पर भरोसा करते हैं।

- इसके अलावा, अपने ऑपरेशन के पिछले 80 वर्षों में, राठी ग्रुप ने कई चीजों में 'सर्वप्रथम' बनने का गौरव हासिल किया है, जैसे कि–

क. प्रामाणिकता के लिए इस्पात उत्पादों की ब्रांडिंग। हम 1966 में यह प्रथा शुरू करने वाले पहले व्यक्ति थे। इससे पहले, नियमित उत्पाद से 'प्रीमियम' उत्पाद की अलग पहचान का कोई सर्वमान्य तरीका नहीं था। इससे पहले स्टील सिर्फ स्टील हुआ करता था।

ख. *राठी ग्रुप उत्तर भारत को पहला स्टील प्लांट देने वाला बिजनेस ग्रुप था।*

ग. हम अपने संयंत्रों (प्लांट्स) में प्राकृतिक गैस (पी.एन.जी.) का उपयोग शुरू करने वाले पहले व्यक्ति थे।

अभिलेखागार (आर्काइव्ज) से कुछ दुर्लभ और अनमोल चित्रों के साथ राठी समूह की विरासत के विकास का एक हिस्सा आपके साथ साझा कर रहा हूँ।

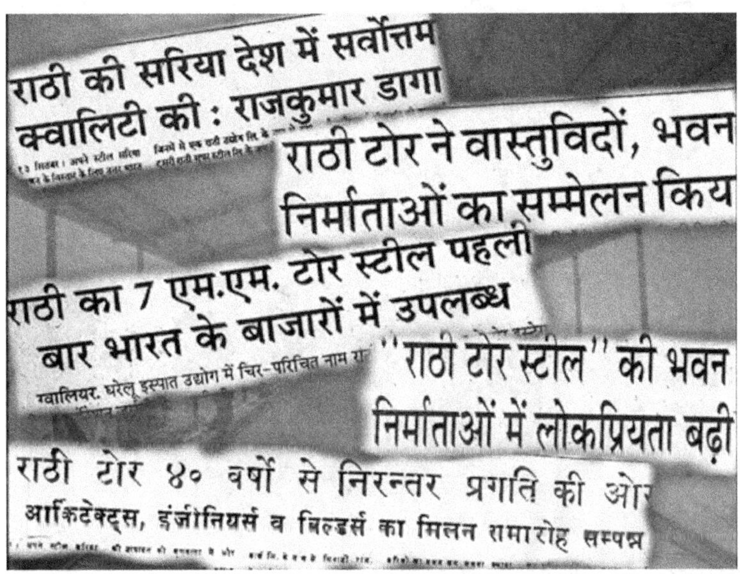
राठी की सरिया देश में सर्वोत्तम क्वालिटी की : राजकुमार डागा
राठी टोर ने वास्तुविदों, भवन निर्माताओं का सम्मेलन किय
राठी का 7 एम.एम. टोर स्टील पहली बार भारत के बाजारों में उपलब्ध
"राठी टोर स्टील" की भवन निर्माताओं में लोकप्रियता बढ़ी
राठी टोर ४० वर्षों से निरन्तर प्रगति की ओर
आर्किटेक्ट्स, इंजीनियर्स व बिल्डर्स का मिलन समारोह सम्पन्न

I have had the honour
of working with
the RATHI Group since 1965,
when I joined them
as Chief Engineer ...
Ravinder Singh
Managing Director
R Singh & Associates

India's foremost rolling
mill expert and one of
the world's leading
consultants in the
steel industry
Ravinder Singh
Managing Director
R Singh & Associates

As a rolling mill man
for the last 53 years,
let me tell you,
all TMT bars may
look alike, but
they are not the same...
Ravinder Singh
Managing Director
R Singh & Associates

There are very few
TMT manufacturers
who are as honest and
as competent to make bars
to the proper specifications
as the RATHI Group.
Ravinder Singh
Managing Director
R Singh & Associates

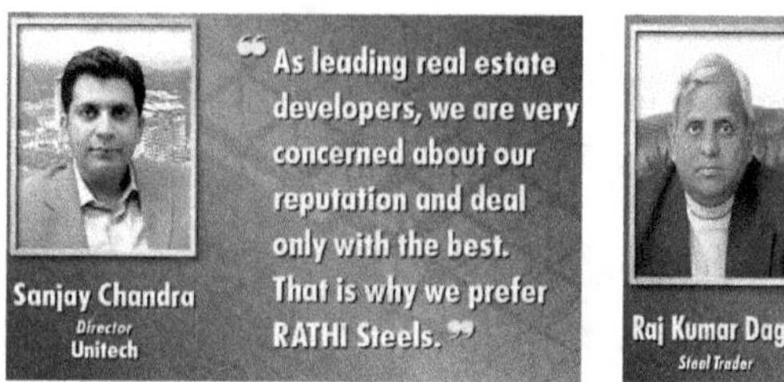

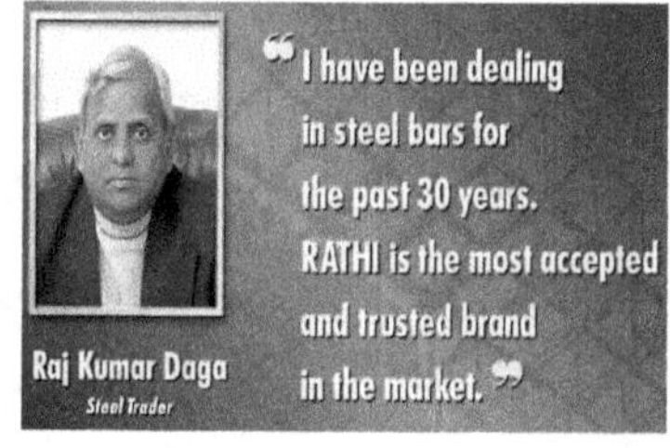

चुनौतियाँ हमें मजबूत बनाती हैं

हालाँकि, जैसा कि हर व्यवसाय में होता है, राठी ग्रुप की वृद्धि भी किसी भी तरह से रुकावट और चुनैतियों से परे नहीं थी। परंतु, इस ग्रुप ने कई चुनौतियों का सामना किया और उन पर काबू पाया।

राठी स्टील अभूतपूर्व दर से बढ़ रहा था। 1972 तक, परिवार ने पूरे उत्तर भारत में 6 संयंत्र स्थापित कर लिए थे, जिनमें से अधिकांश उत्तर प्रदेश राज्य में थे। **राठी** को उत्तर भारत में स्टील का अग्रणी ब्रांड माना जाता था।

लेकिन, 1970 के दशक के अंत में उत्तर प्रदेश राज्य में 100% बिजली कटौती के कारण, इस ग्रुप को अधिकांश संयंत्रों को बंद करने के लिए मजबूर होना पड़ा। यह स्थिति 7 वर्षों से अधिक समय तक जारी रही, जिससे परिवार को भारी नुकसान हुआ और व्यवसाय लगभग पूरी तरह से नष्ट हो गया।

इस विकट परिस्थिति से तंग आकर 1977 में हमारे संस्थापक सेठ गोरधन दास जी राठी के सबसे बड़े बेटे प्रेम रतन राठी ने इसके बारे में कुछ करने का फैसला किया और उत्तर प्रदेश सरकार को उद्योगों को कम से कम आंशिक बिजली देने के लिए मनाने में कामयाब रहे। अंतत: सरकार उद्योगों को दिन में कम से कम 8 घंटे बिजली देने पर सहमत हुई।

इस आंशिक राहत के साथ (जो केवल राठी परिवार के दृढ़ संकल्प के कारण हुआ), न केवल हमारा व्यवसाय फिर से सुव्यवस्थित होने लगा, बल्कि मौजूदा संयंत्रों के आधुनिकीकरण के साथ-साथ हम पूरे भारत में और अधिक संयंत्र स्थापित करने में कामयाब हुए।

1988 में, लोनी रोड, शाहदरा स्थित हमारा प्लांट पूरे उत्तर भारत में सबसे कुशल स्टील रोलिंग मिलों में से एक माना जाता था।

हालांकि समस्याएं अभी भी थीं (परंतु हम उनको एक-एक करके शांतिपूर्वक और सौहार्दपूर्ण ढंग से निपटाते जा रहे थे); जैसे-जैसे साल बीतते गए, राठी परिवार का विस्तार हुआ और व्यवसाय भी निरंतर बढ़ता गया।

2003 तक, परिवार 7 अलग-अलग ग्रुप में बंट चुका था। आज इन सब ग्रुप की अपनी खुद की स्टील मैन्युफैक्चरिंग यूनिट है।

स्टील के पहले और सबसे पुराने नाम की विरासत को आगे बढ़ाना

श्री राठी स्टील ग्रुप की स्थापना हमारे पिता, श्री अनिल राठी, जो सेठ गोरधन दास जी राठी के सबसे छोटे बेटे हैं, ने वर्ष 2002 में शुरू की थी। हम क्रमश: 2002 और 2003 में उनके साथ जुड़े।

ग्रुप के पहले प्लांट, मैसर्स. श्री राठी स्टील लिमिटेड ने वर्ष 2003 में गाजियाबाद में 1,00,000 मीट्रिक टन प्रति वर्ष हाई स्ट्रेंथ स्टील बार्स की स्थापित क्षमता के साथ उत्पादन शुरू किया।

अपने पिता की विरासत को जारी रखते हुए, हमारे अध्यक्ष, श्री अनिल राठी ने, उच्च शक्ति वाले स्टील बार के गुणवत्ता उत्पादक (क्वालिटी प्रोड्यूसर) के रूप में श्री राठी समूह की स्थापना की।

श्री राठी ग्रुप के प्रोडक्ट्स की उच्च मांग के कारण मेसर्स श्री राठी स्टील दक्षिण लिमिटेड के नाम से एक और स्टील प्लांट स्थापित किया गया। श्री राठी स्टील दक्षिण लिमिटेड की स्थापना वर्ष 2007 में हुई थी। इससे श्री राठी समूह की कुल स्थापित क्षमता बढ़कर 2,00,000 मीट्रिक टन प्रति वर्ष हो गई।

श्री राठी समूह की कोर मैनेजमेंट टीम

Core Management Team at Shri Rathi Steel Group

Mr. Anil Rathi, CMD (Age 66yrs)

Mr. Anil Rathi has a career spanning about 48 years in the fields of production planning, procurement, finance, etc in the Iron and Steel Industry. He holds a degree in Commerce from Shri Ram College of Commerce, Delhi University. He monitors the day-to-day affairs of the Company. His expertise lies in the technical department.

Mr. Gopal Rathi, Director (Age 41yrs)

Mr. Gopal Rathi, holds degree in Business Studies from Lancaster University (UK) and has a career spanning almost 20 years in the Iron & Steel sector. He is highly recognized in the steel industry for his analytical capability and fair business dealings. He has been on our Board of Directors since incorporation of the Group.

Mr. Dhruv Rathi, Director (Age 40yrs)

Mr. Dhruv Rathi holds a Degree in Management and Information Technology from University of Manchester Institute of Science and Technology (UK) and has joined the Group as a whole time Director in the year 2003. His expertise lies in the field of incorporating technology within the existing systems to cut costs and increase outputs.

हमारे अध्यक्ष, श्री अनिल. राठी, ईमानदारी, परदर्शिता और उच्च नैतिक आदर्शों के लिए मशहूर हैं। दरअसल, यहां एक दिलचस्प और

आश्चर्यजनक तथ्य है जिसके बारे में बहुत से लोग नहीं जानते हैं। शक्ति और क्वालिटी केवल हमारे प्रोडक्ट तक ही सीमित नहीं है, बल्कि श्री अनिल राठी जी के व्यक्तित्व का हिस्सा हैं, जो उन्हें अपने पिता और राठी समूह के संस्थापक से विरासत में मिली है। प्रिय पाठकों, आप सभी यह जानकर आश्चर्यचकित और खुश होंगे कि हमारे अध्यक्ष काम के दबाव के चलते दिल्ली विश्वविद्यालय के बी.कॉम की तीसरे वर्ष की परीक्षा में शामिल नहीं हो पाये थे। लेकिन 2022 में इन्होंने अपने कोर्स को सफलतापूर्वक कम्प्लीट किया और बी.कॉम की डिग्री प्राप्त की।

2022 में दिल्ली विश्वविद्यालय ने एक सर्कुलर निकाला कि कोई भी छात्र जो कभी तीसरे वर्ष की परीक्षा से चूक गया हो, वह अब इस परीक्षा में बैठ सकता है और अपनी डिग्री पूरी कर सकता है। इसका लाभ उठाते हुए और उम्र से संबंधित सभी मिथकों को तोड़ते हुए, श्री अनिल राठी ने गर्व से प्रतिष्ठित श्री राम कॉलेज ऑफ कॉमर्स से स्नातक की उपाधि प्राप्त की। यह (कार्य) उनके धैर्य और दृढ़ संकल्प का अकाट्य प्रमाण है।

यह उनके विराट व्यक्तित्व, दूरदर्शिता और अनुभवी दृष्टिकोण का ही परिणाम है कि **श्री राठी ग्रुप,** पूरे राठी ग्रुप में अधिकतम क्षमता और सबसे अधिक संयंत्रों के साथ सबसे सफल ग्रुप के रूप में प्रतिष्ठित है।

लंदन में कॉलेज पूरा करने के बाद, हम दोनों भाइयों ने अपने चेयरमैन (और पिता) के समकक्ष पहुंचने की पूरी कोशिश की है और उनके मार्गदर्शन और आशीर्वाद से, विश्वसनीय नाम **राठी** की विरासत को आगे बढ़ाने के लिए व्यवसाय में अचूक और अत्याधुनिक रणनीति और टेक्नोलॉजी को बढ़ाया है। हम अपने आपको भाग्यशाली और धन्य

महसूस करते हैं कि इस इंडस्ट्री ने हमारी कड़ी मेहनत और नई शैली, रणनीति और टेक्नोलॉजी को सराहा है, हमें एक्सपर्ट माना है। हमारे लिये निश्चय ही ये गर्व की बात है कि हमें सम्मेलनों, सेमिनारों और अन्य 'इंडस्ट्री मीटिंग्स' को संबोधित करने के लिए नियमित रूप से आमंत्रित किया जाता है।

हमारी क्वालिटी और 'वर्क एथिक्स' के प्रति हमारे समर्पण को स्वीकार करते हुए, इंडस्ट्री आउटलुक पत्रिका ने 2023 के शीर्ष 10 टी.एम.टी. बार निर्माताओं में हमारा नाम शामिल किया।

हम उस प्रतिष्ठित सूची में जगह पाने वाले उत्तर भारत के एकमात्र मैन्युफैक्चरर थे।

हम अमेरिका को टी.एम.टी. बार्स निर्यात करने वाली भारत की पहली कंपनी भी हैं। अमेरिका के पश्चिमी तट पर सबसे बड़े बेस, नेलिस एयर फोर्स बेस पर भेजी जा रही सामग्री की कुछ तस्वीरें आपके साथ साझा करते हुए हमें खुशी हो रही है।

श्री राठी ग्रुप के बारे में कुछ और जानकारी (फैक्ट्स एन्ड फिगर्स) आपके साथ साझा कर रहा हूँ।

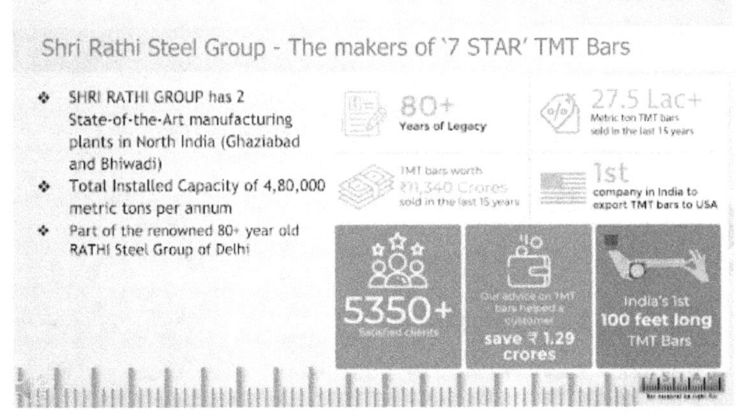

हमारे 2 प्लांट हैं, एक गाजियाबाद, यूपी और दूसरा भिवाड़ी, राजस्थान में। ये दोनों उत्तर भारत के सबसे आधुनिक 'प्लांट्स' में से हैं।

हमारी मासिक उत्पादन क्षमता 40,000 टन है जो उस एरिया में सर्वाधिक है; दिलचस्प बात यह है कि हमने कोविड महामारी के दौरान इस क्षमता को बढ़ाया।

पिछले 15 वर्षों में प्रसिद्ध राठी समूह ने 11,340 करोड़ रुपये मूल्य की 27.5 लाख टन सामग्री (सरिया) बेची है।

हमारी सलाह और विशेषज्ञता हमारे कई ग्राहकों के लिए अत्यंत लाभदायक साबित हुई हैं। ऐसे कई मौके आए, जिसमें ग्राहकों को हमारे ज्ञान और अनुभव से जबरदस्त लाभ हुआ। वैसे उदाहरण तो कम हैं, लेकिन यहाँ पर हम एक उदाहरण आपसे साझा करना चाहेंगे। हमने सिर्फ एक 'सही सलाह' देकर अपने एक क्लाइंट के 1.29 करोड़ बचा दिए और शायद यही करण है कि आज हमारे पास पूरी दुनिया के ग्राहक हैं, और उन संतुष्ट ग्राहकों की संख्या 5350 से भी अधिक है।

श्री राठी समूह की अविश्वसनीय विकास यात्रा

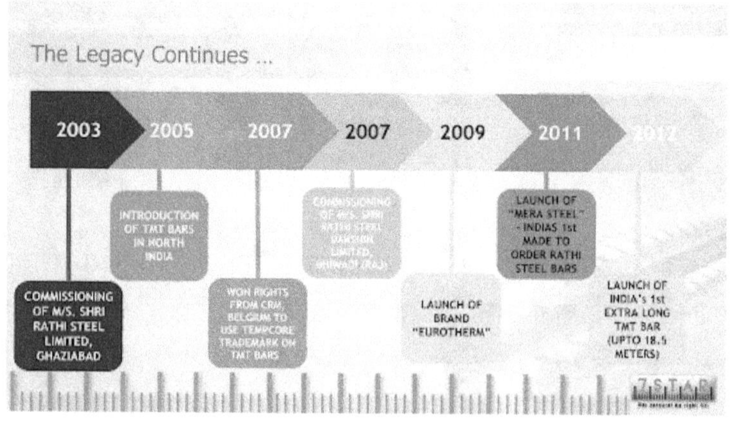

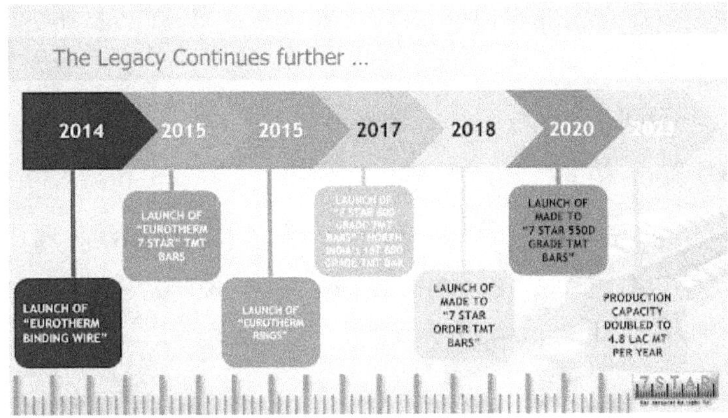

हमारे उत्पाद पोर्टफोलियो की एक झलक

कुल मिलाकर, हम अपने पोर्टफोलियो में 7 प्रकार के बार्स (सरिया) पेश करते हैं; लगभग हर एप्लिकेशन के लिए कुछ न कुछ खास है हमारे पास–

- 7 स्टार 600 ग्रेड स्टील बार – उत्तर भारत का पहला 600 ग्रेड स्टील बार।

- भारत का पहला 100 फीट लंबा बार- जो आपको सामग्री के उपयोग और इस प्रकार लागत में 29% तक की बचत करा सकता है।

- 500 रसायन, 500D रसायन, 550 रसायन, 550D रसायन।

- हम 500 ग्रेड कोरोजन रेसिस्टेंट स्टील (सी.आर.एस.) के उत्तर भारत के एकमात्र निर्माता हैं, जो विशेष रूप से सी.पी.डब्ल्यू.डी. के लिए हमारे द्वारा विकसित किया गया है।

- हमारा 7 स्टार 500 डी बार, जिसे हम 12 मीटर के टुकड़ों में बेचते हैं; केवल वही खरीदें जिसकी आपको आवश्यकता है। वजन के हिसाब से खरीदने की कोई मजबूरी नहीं।

श्री ध्रुव को भारतीय वास्तुकला संस्थान, राजस्थान चैप्टर द्वारा टी.एम.टी. बार्स में 'इनोवेशन' के लिए सम्मानित किया गया।

क्रेडाई यूथकॉन कार्यक्रम में हमारे 7 स्टार टी.एम.टी. बार स्टॉल में हमारे प्रधान मंत्री श्री नरेंद्र मोदी जी ने भाग लिया। यहाँ पर हमने एक्स्ट्रा लॉन्ग बार और 600 ग्रेड बार जैसे अपने नए इनोवेटिव प्रोडक्ट्स डिस्प्ले किए।

वास्तुकला, भवन निर्माण सामग्री, कला और डिजाइन के लिए एशिया के अग्रणी व्यापार मेले, ए.सी.ई. टेक, दिल्ली में हमारा 7 स्टार टी.एम.टी. बार स्टॉल।

इन नामी-गिरमी लोगों का हमारा ग्राहक होना वास्तव में हमारी गुणवत्ता, नैतिकता, नवीनता और कड़ी मेहनत का प्रमाण है।

हम नियमित रूप से सी.पी.डब्ल्यू.डी., आई.ओ.सी.एल. पानीपत रिफाइनरी, बाड़मेर रिफाइनरी प्रोजेक्ट, एन.बी.सी.सी., भारत पेट्रोलियम, यूपी आवास विकास, राजस्थान हाउसिंग बोर्ड, यूपी पीडब्ल्यूडी जैसे निजी और सरकारी विभागों को सामग्री की आपूर्ति करते हैं।

हम एनएचएआई (NHAI) परियोजनाओं के लिए एक 'एप्रूव्ड वेंडर' हैं। इसके अलावा, हम नोएडा, मानेसर, जयपुर, लखनऊ और ग्वालियर में सभी एमिटी विश्वविद्यालय परिसरों के 'ऑफिसियल सप्लायर' भी हैं।

मिलें निजी क्षेत्र के हमारे कुछ इंडस्ट्रियल क्लाइंट्स से जैसे हल्दीराम, जी.एग.आर. (दिल्ली एयरपोर्ट), टाटा पावर, रजनीगंधा, केंट आर ओ, कॉर्निटोस, लिबर्टी शूज, जय भारत मारुति आदि।

रियल एस्टेट में हमारे प्रतिष्ठित ग्राहकों को नहीं भूलना चाहिए। ये सभी दिल्ली- एनसीआर के टॉप रियल एस्टेट प्रोफेशनल हैं।

श्री राठी समूह के साथ सर्टिफिकेट और एक्रेडिटेशन।

ये सर्टिफिकेट और एक्रेडिटेशन हमारी क्वालिटी और प्रोसेस के बारे में बहुत कुछ बताते हैं।

- हमें प्रोडक्ट के प्रत्येक ग्रेड के लिए बी.आई.एस. लाइसेंस मिला हुआ है।

- हमारी टी.एम.टी. विनिर्माण तकनीक बेल्जियम के **टेम्पकोर समूह** द्वारा एप्रूव्ड है। आपको हमारी क्वालिटी का पता चले, यह बताने के लिये, कृपया जान लें कि टेम्पकोर वही तकनीक है जिसका उपयोग टीएमटी के निर्माण के लिए टाटा स्टील और सेल (SAIL) द्वारा किया जाता है। वास्तव में, हम भारत के उन कुछ टी.एम.टी. निर्माताओं में से एक हैं जिन्हें हमारे बार्स पर **टेम्पकोर** लिखने की अनुमति है।

- हम एक कदम और आगे बढ़ गए हैं और आज हमने जर्मनी की हीप एंड पी से गणना के लिए तकनीक हासिल कर ली है।

- और हम आइएसओ 9001, आइएसओ 14001 और आइएसओ 18001 प्रमाणित तो हैं ही।

टी.एम.टी. डीलरशिप के लिए
4पी ग्रोथ फ्रेमवर्क

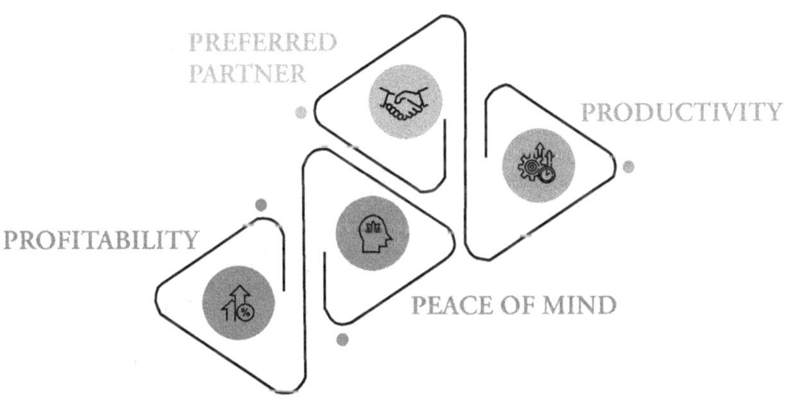

अब जबकि हमने मिलकर राठी ग्रुप के गौरवशाली इतिहास और विरासत को फिर से देखा है और श्री राठी समूह का जन्म हुआ है, हम इसकी विरासत को आगे बढ़ाने के लिए कमर कस चुके हैं।

यहाँ पर हम आपको एक अत्यंत महत्वपूर्ण बात बताना चाहेंगें।

जब भी हमसे यह सवाल पूछा जाता है कि श्री राठी समूह को हमारी क्वालिटी, ईमानदारी, एकजुटता और नवीनता के अलावा क्या सुपर सफल बनाता है, तो हमारे पास केवल एक ही उत्तर होता है–

यह हमारे डीलर ही हैं जो हमें अत्यधिक सफल बनाते हैं! वे श्री राठी समूह की लाइफलाइन हैं!

और हम अपने डीलरों की ग्रोथ और सफलता के लिए पूरी तरह से समर्पित हैं और उन्हें और भी सशक्त बनाने के लिए नए-नए तरीकों के बारे में सोचते रहते हैं- क्योंकि उन्हें हम सिर्फ डीलर नहीं, अपने वृहत परिवार का सदस्य मानते हैं।

हमारी सफलता आपस में जुड़ी हुई है; अगर वे सफल होंगे तभी हम सफल हो पायेंगे।

इस इरादे से, उन्हें उच्च-गुणवत्ता, अत्याधुनिक उत्पादों से लैस करने और उन्हें अपराजेय विज्ञापनों की पेशकश करने के अलावा, हमने 4पी ग्रोथ फ्रेमवर्क विकसित करने के लिए कड़ी मेहनत की है जो आपके टी.एम.टी. डीलरशिप में लगातार 3 गुना वृद्धि देने की गारंटी देता है।

यह पुस्तक विशेष रूप से आपके लिए लिखी गई है- डीलरों का हमारा बहुमूल्य परिवार आपको सफलता के नए मानक हासिल करने में मदद करेगा और आपकी डीलरशिप को सुचारू और प्रभावी तरीके से तेजी से बढ़ाएगा।

- यदि आप पहले से ही इस परिवार का हिस्सा हैं, तो इस पुस्तक के साथ आप अपनी डीलरशिप को नई ऊंचाइयों पर ले जा सकेंगे, इसमें कोई दो राय नहीं।

- यदि आप सिर्फ टी.एम.टी. बार इंडस्ट्री का हिस्सा हैं, श्री राठी परिवार का नहीं - तो यह आपको दिखा देगा कि इस परिवार का हिस्सा न होने से आप किस सफलता और प्रॉफिट को खो रहे हैं। इसे समझकर आप भी इस प्रतिष्ठित परिवार का हिस्सा बन सकते हैं और जल्द से जल्द आपको जबरदस्त सफलता मिल सकती है।

- यदि आप एक उद्यमी/आकांक्षी उद्यमी हैं और बेहतरीन व्यावसायिक अवसर की तलाश में हैं, तो ठीक है, आपके हाथ में सही पुस्तक है क्योंकि यह आपको दिखाएगी कि टी.एम.टी. बार डीलरशिप के साथ श्री राठी समूह परिवार का हिस्सा बनना कितना सही है। निरंतर विकास और सफलता के लिए व्यावसायिक अवसर।

ठीक है, हम समझते हैं कि आप सभी 4पी ग्रोथ फ्रेमवर्क को समझने और इसे लागू करने और तेजी से लाभ प्राप्त करने के लिए उत्सुक हैं, तो बिना किसी देरी के, आइए गहराई से जानें:

4पी ग्रोथ फ्रेमवर्क क्या है?

मूल रूप से, यह फ्रेमवर्क तेजी से बढ़ने वाली डीलरशिप के लिए आपका फॉर्मूला है।

परिवर्तन + विकास + गति = निरंतर विकास

इसका मतलब यह है कि आगे बढ़ने के लिए, आपको यह स्वीकार करना होगा कि समय, रुझान और तकनीक तेज गति से बदल रहे हैं, और आपको इन परिवर्तनों को स्वीकार करने और उनके साथ बने रहने और लगातार विकसित होते रहने की आवश्यकता है।

यहीं पर 4पी ग्रोथ फ्रेमवर्क का चमत्कार है- यह आपको दिखाएगा और आपको विकास और सफलता की राह पर मजबूती से स्थापित करेगा।

आपके टी.एम.टी. डीलरशिप में गारंटीकृत 3 गुना निरंतर विकास प्राप्त करने की प्रक्रिया को बनाने वाले चार आवश्यक भागों को 4पी ग्रोथ फ्रेमवर्क कहा जाता है। ग्रोथ फ्रेमवर्क के 4पी अंग्रेजी के पी

(P) से शुरू होने वाले चार अक्षर हैं- प्रोफिटेबिलिटी, पीस, प्रोडक्टिविटी और प्रीफर्ड पार्टनरशिप (लाभप्रदता, शांति, उत्पादकता और पसंदीदा साझेदारी)

ये मूलभूत भाग 'चार-पी' की परिभाषा का सार प्रस्तुत करते हैं। उनमें किसी भी व्यवसाय की सभी रणनीतियों और तकनीकों का जोड़ शामिल होता है जिसका उपयोग टी.एम.टी. डीलरशिप 3 गुना लगातार विकास की गारंटी हासिल करने के लिए कर सकता है।

'4पी ग्रोथ फ्रेमवर्क' की प्रभावशीलता, इसकी सादगी, व्यावहारिकता और कार्यान्वयन की आसानी में निहित है।

हमने अपनी सारी सीख, ज्ञान, विशेषज्ञता, वैश्विक प्रदर्शन और अनुभव को इस '4पी ग्रोथ फ्रेमवर्क' में समाहित कर दिया है, और अब हम परिवर्तनकारी परिणामों के प्रति आश्वस्त हैं।

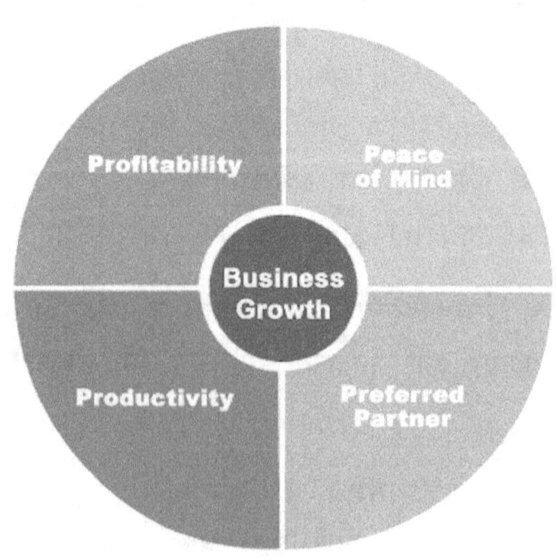

4पी ग्रोथ फ्रेमवर्क की प्रेरणा/उत्पत्ति

मूल '4पी ग्रोथ फ्रेमवर्क' का एक लंबा और शानदार इतिहास रहा है। हमारे '4P ग्रोथ फ्रेमवर्क' की संकल्पना 4पी मार्केटिंग के विज्ञान पर की गई है, जिसे पहली बार 1964 में 'द कॉन्सेप्ट ऑफ द मार्केटिंग मिक्स' शीर्षक वाले एक लेख में हार्वर्ड यूनिवर्सिटी के प्रोफेसर नील बोर्डेन ने प्रस्तावित किया था।

'4पी ग्रोथ फ्रेमवर्क' के '4पी' का महत्व

पीढ़ियों से इस उद्योग का हिस्सा होने के नाते, हम टी.एम.टी. डीलरशिप के मालिक के सामने आने वाली कुछ विशेष परिस्थितियों/चुनौतियों को बखूबी जानते हैं। इसलिए, इस फ्रेमवर्क की विकास रणनीति उन '4पी' के इर्द-गिर्द घूमती है जो एक टी.एम.टी. डीलरशिप मालिक चाहता है:

1. बाजार तक पहुंच बढ़ाने और रिपीट ऑर्डर के माध्यम से प्रॉफिट बढ़ाना।

2. अतिरिक्त लाभ के माध्यम से मन की शांति पाना, अनुचित व्यावसायिक हितों में लिप्त न होना और एक अनन्य क्षेत्र के माध्यम से बाजार और धन की सुरक्षा करना।

3. एक ऐसा सिस्टम तैयार करना जिसे टीएमटी डीलर अपनी ग्राहकों की जरूरतों को गहराई से समझकर उनको आवश्यक सामानों की आपूर्ति कर सकें, मौजूदा ग्राहकों के साथ वॉलेट शेयर बढ़ा सकें और इस तरह से मार्केट में अपनी एक यूएसपी (बहुमूल्य बिक्री बिंदु) या अनोखापन कायम कर सकें और इस तरह से बिजनेस ओनर को अधिक से अधिक प्रॉफिट मिल सके।

4. अपनी डीलरशिप को एक पसंदीदा भागीदार (प्रीफर्ड पार्टनर) के रूप में स्थापित करना और ग्राहक की नजर में इसके मूल्य को बढ़ाना।

आइए नीचे 4पी ग्रोथ फ्रेमवर्क को विस्तार से समझें:

1. लाभप्रदता

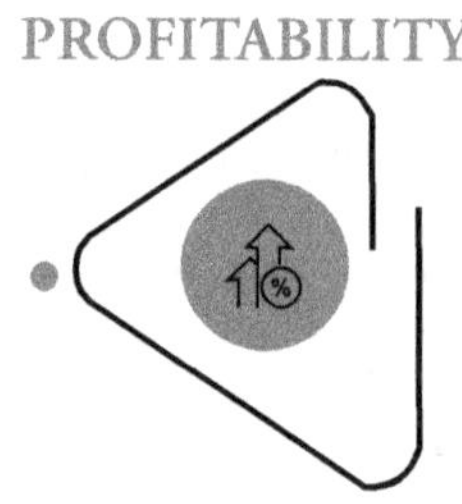

क. लगभग शून्य भागीदारी के साथ अधिक से अधिक रिपीट आर्डर्स

स्टील बार डीलर लगातार बढ़िया प्रोडक्ट और सेवाएं देकर, बिना प्रमोशन या काल के भी अधिक से अधिक ऑर्डर प्राप्त कर सकते हैं। संतुष्ट ग्राहक स्वाभाविक रूप से अधिक से अधिक ऑर्डर देंगे, जिसके परिणामस्वरूप रिपीट बिजनेस बढ़ेगा और नए ऑर्डर बिना प्रयास के ही आते रहेंगे।

ख. मैन्युफैक्चरर के बिक्री समर्थन (सेल्स सपोर्ट) का लाभ उठाना।

विनिर्माताओं से सेकेंडरी सेल सपोर्ट, स्टील बार डीलरों को अपना व्यवसाय बढ़ाने में मदद कर सकता है। यह अधिक ग्राहकों को आकर्षित करने और बिक्री बढ़ाने के लिए 'कम्पीटिटिव प्राइसिंग', 'प्रोडक्ट ट्रेनिंग', 'टेक्निकल असिस्टेंस'

और 'मार्केटिंग मटेरियल' प्रदान करता है। यह एक ऐसी चीज है जिसे अधिकांश डीलर नजरअंदाज कर देते हैं, और इसका पूरा लाभ नहीं उठा पाते हैं।

ग. मजबूत लीड प्रबंधन (लीड मैनेजमेंट) और संग्रहण प्रणाली (कलेक्शन सिस्टम) बनाना।

किसी भी रिसेलर के लिए लीड का समुचित उपयोग करना काफी महत्वपूर्ण होता है। लीड प्राप्त करने से लेकर, उसे ट्रैक करना, उसे फॉलो-अप लेना, उस लीड (संभावित ग्राहक) की विशिष्ट जरूरत को समझना और उसके अनुकूल समाधान सुझाना और उस लीड को अपना ग्राहक बना लेना, ये सब रिसेलर का काम होता है। अगर कोई रिसेलर लीड को सही ढंग से हैंडल करना जान जाता है तो फिर वो अपने सेल्स को काफी हद तक बढ़ाने में सफल हो जाता है। इसलिए अगर आप रिसेलर हैं, तो आपको लीड हैंडल करना आना चाहिये, नहीं तो यह लीड खो जायेगी, आप फॉलो-अप ठीक से नही ले पायेंगे, जिससे आपका कन्वर्जन कम हो जाएगा और फिर स्वाभाविक रूप से प्रॉफिट भी।

घ. लीड बढ़ाने के लिए डिजिटल मार्केटिंग का प्रभावी और बेहतर उपयोग।

दुनिया के डिजिटल होने के साथ-साथ, बदलते व्यावसायिक रुझानों के अनुसार काम करना और प्रौद्योगिकी का लाभ उठाना काफी महत्वपूर्ण होता है। डिजिटल मार्केटिंग आज के समय में जरूरी ही नहीं, बल्कि अनिवार्य है; यह सोशल मीडिया, ईमेल कैम्पेन और सर्च इंजिन ऑप्टिमाइजेश जैसे विभिन्न ऑनलाइन चौनलों के माध्यम से व्यापक

कस्टमर बेस तक पहुंचकर लीड जेनरेशन को बढ़ावा दे सकती है। यह बिजनेस के किसी खास वर्ग के लोगों को टारगेट करके संभावित ग्राहकों को ग्राहक बनाने का अवसर देती है, जिसके परिणामस्वरूप लीड और संभावित बिक्री में वृद्धि होती है।

ङ. वफादारी पैदा करने के लिए प्रभावशाली गतिविधियों में शामिल हों।

सोशल मीडिया के आगमन के साथ, आज, प्रभावशाली लोगों के पास अपने क्षेत्र में बहुत अधिक विश्वसनीयता है। निष्ठा पैदा करने के लिए प्रभावशाली गतिविधियों में संलग्न होना महत्वपूर्ण है। जब व्यवसाय प्रभावशाली लोगों के साथ सहयोग करते हैं, तो वे व्यापक कस्टमर बेस तक पहुँच सकते हैं, विश्वास पैदा कर सकते हैं और अपने फॉलोअर्स के बीच वफादारी के वातावरण का निर्माण कर सकते हैं, जिसके परिणामस्वरूप अधिक से अधिक लोग उस इंडस्ट्री से जुड़ पाते हैं।

2. मन की शांति

PEACE OF MIND

क. डीलरों की नई पीढ़ी को आकर्षित करना

अधिकांश डीलर उत्तराधिकार को लेकर चिंतित रहते हैं। वे इस चीज को लेकर दुविधा में रहते हैं कि अगली पीढ़ी उनके व्यवसाय और विरासत को आगे बढ़ाएगी या नहीं। इन चिंताओं को एक ऐसा मंच बनाकर दूर किया जा सकता है जिससे डीलरों की नई पीढ़ी स्वेच्छा से उनके साथ जुड़े।

नई पीढ़ी को आकर्षित करने के लिए, रीसेलर को प्रशिक्षण, परामर्श और समय की स्वतंत्रता वाला कार्य देना चाहिए। उन्हें युवा व्यक्तियों को अपनी टीम में शामिल होने हेतु लुभाने के लिए अपनी कंपनी में उपलब्ध आकर्षणों और करियर अवसरों के बारे में भी बताना चाहिए।

ख. पारदर्शी प्राइसिंग पॉलिसी के परिणामस्वरूप वफादार ग्राहक बनते हैं

यदि आपकी प्राइसिंग पॉलिसी बिलकुल सही है, उसमें किसी तरह की गड़बड़ी या पक्षपात नहीं है, या किसी को अनुचित लाभ दिलाने वाली नहीं है तो निश्चय ही आपको यह वफादार ग्राहक दिलाएगी। जब ग्राहकों को यह भरोसा होता है कि मूल्य निर्धारण उचित और पारदर्शी है, तो वे अपने खरीदारी निर्णयों में अधिक आश्वस्त महसूस करते हैं और उनमें व्यवसाय के प्रति वफादार बने रहने की अधिक संभावना होती है। इससे व्यवसाय, निगोशिएशन और डिस्काउंट से जुड़ी कई परेशानियां कम हो जाती हैं, जिससे व्यवसाय के मालिक को मानसिक शांति मिलती है।

ग. नए और मौजूदा ग्राहकों के बीच विश्वास और विश्वसनीयता पैदा करें

नए और मौजूदा दोनों ग्राहकों के लिए विश्वास और विश्वसनीयता बनाना आवश्यक है। यह व्यवसायों को मजबूत रिश्ते बनाने, ग्राहकों को बनाए रखने, नए लोगों को आकर्षित करने और अंततः उनकी प्रतिष्ठा और सफलता बढ़ाने में मदद करता है। जब आप जानते हैं कि आपके ग्राहक और सहयोगी आप पर आंख मूंदकर भरोसा करते हैं, तो आपकी बहुत सारी परेशानी कम हो जाती हैं।

घ. व्यवसाय वृद्धि को बढ़ाने के लिए निष्पक्ष और पारदर्शी बिजनेस प्रैक्टिसेस को अपनाना

व्यवसाय वृद्धि को बढ़ाने के लिए निष्पक्ष और पारदर्शी बिजनेस प्रैक्टिसेस का होना महत्वपूर्ण है। ईमानदारी, नैतिकता और पार्टनर्स के साथ 'पयर डील', ये सब कुछ ऐसे बिजनेस प्रैक्टिस हैं जिनसे ग्राहकों के बीच विश्वास के वातावरण का निर्माण होता है, उनकी प्रतिष्ठा बढ़ती है, अधिक से अधिक ग्राहक उनकी तरफ आकर्षित होते हैं और उनकी सफलता लम्बे समय तक बनी रहती है। यह जानते हुए कि वे सभी के प्रति निष्पक्ष रहे हैं और सभी के लिए फायदे का सौदा बने हैं, व्यवसाय के मालिक हर रात शांति से सो सकते हैं।

ङ. लाभ कमाने के लिए डीलरों द्वारा किए जाने वाले अनैतिक आचरणों का उन्मूलन

मुनाफा कमाने के लिए डीलरों के लिए यह आवश्यक है कि वे किसी भी तरह के अनैतिक आचरण को खत्म करें। उनकी इस पहल से फेयर कॉम्पिटिशन सुनिश्चित हो पाएगा, ग्राहकों के साथ विश्वास का वातावरण बनेगा, उनकी प्रतिष्ठा बनी रहेगी, और यह किसी भी तरह के कानूनी पचड़े से छुटकारा दिलाता है।

3. उत्पादकता

क. विश्वास और आत्मविश्वास के उच्च स्तर के कारण तेज कस्टमर कनवर्जन रेट

स्टील बार डीलर, उच्च स्तर का भरोसा और विश्वास पैदा करके तेज कस्टमर टर्नअराउंड सुनिश्चित कर सकते हैं। जब ग्राहक डीलर की विशेषज्ञता और गुणवत्ता पर भरोसा करते हैं, तो फिर वे उनसे सामान खरीदने में कोई देरी नहीं करते। परिणामस्वरूप, बिक्री और ग्राहक संतुष्टि में वृद्धि होती है।

ख. क्रॉस-सेलिंग टेक्नीक्स का उपयोग करके ग्राहक के वॉलेट शेयर में वृद्धि

ग्राहकों की वॉलेट शेयर बढ़ाने के लिए क्रॉस-सेलिंग टेक्नीक्स का उपयोग करना सबसे अच्छा तरीका है। अतिरिक्त उत्पादों या सेवाओं की पेशकश करके, ग्राहकों को अधिक खर्च करने के लिए प्रोत्साहित किया जाता है, जिसके परिणामस्वरूप उच्च राजस्व (हायर रेवेन्यू) और ग्राहक संतुष्टि की प्राप्ति होती है।

ग. टी.एम.टी. बार की खरीद पर लगने वाले समय में कमी

टी.एम.टी. बार खरीद पर लगने वाले समय को कम करना

व्यवसाय में बढ़ोत्तरी के लिए महत्वपूर्ण है। यह डीलरों को बिक्री और ग्राहक सेवा जैसी अन्य आवश्यक गतिविधियों पर ध्यान केंद्रित करने के लिए सकारात्मक माहौल देता है, जिससे उत्पादकता में वृद्धि, तेजी से ऑर्डर पूर्ति और बेहतर ग्राहक संतुष्टि होती है, जो अंततः व्यवसाय के विकास को बढ़ावा देती है।

घ. ग्राहक द्वारा प्राइस निगोशिएशन और ओब्जेक्शन को दूर करना

डीलर, अपने प्रोडक्ट की क्वालिटी, उसके लाभ, उसकी कम कीमत आदि को हाइलाइट करके अपने ग्राहकों को अनावश्यक कीमत कम करने के दबाब और आपत्तियां जताने से रोक सकता है।

4. पसंदीदा साथी

क. संगठित व्यापार मंच बनाने से डीलरशिप की बेहतर छवि बनेगी।

व्यवस्थित व्यावसायिक मंच बनाकर डीलरशिप की छवि को बेहतर बनाया जा सकता है। चुस्त व्यवस्था, स्पष्ट संवाद और व्यावसायिक उपस्थिति के मध्यम से, ग्राहकों

की नजर में डीलर को भरोसेमंद, लायक और प्रतिष्ठित डीलर के रूप में पहचान दिलाई जा सकती है। फलस्वरूप, डीलर की मजबूत और सकारात्मक छवि बनती है।

ख. बाजार में खुद को पसंदीदा रीसेलर के रूप में स्थापित करना

बाजार में खुद को पसंदीदा रीसेलर के रूप में स्थापित करने के लिए, डीलर को असाधारण ग्राहक सेवा प्रदान करने, उच्च गुणवत्ता वाले उत्पाद देने, ग्राहकों के साथ मजबूत संबंध बनाने और लगातार बेहतर वैल्यू देने पर ध्यान केंद्रित करना चाहिए।

ग. ग्राहकों से प्राथमिकता (प्रेफरेंस) मिलना

ग्राहकों से प्राथमिकता प्राप्त करने के लिए, डीलर को उत्कृष्ट उत्पाद, विश्वसनीय सेवा और बेहतर से बेहतर व्यक्तिगत अनुभव प्रदान कर के ग्राहकों की संतुष्टि को प्राथमिकता देनी चाहिए। मजबूत रिश्ते बनाने और लगातार वैल्यू देने से ग्राहक वफादारी और प्राथमिकता हासिल करने में मदद मिलेगी।

घ. ग्राहक की नजर में विश्वास और वास्तविकता का माहौल बनाना

विश्वास और वास्तविकता का माहौल बनाना व्यवसाय के विकास के लिए आवश्यक है क्योंकि यह मजबूत ग्राहक संबंधों को बढ़ावा देता है, वफादारी बढ़ाता है, सकारात्मक मौखिक बातचीत के माध्यम से नए ग्राहकों को आकर्षित करता है और प्रतिष्ठित ब्रांड छवि स्थापित करने में महत्वपूर्ण भूमिका निभाता है।

ङ. डीलर को एकाधिकार बाजार (मोनोपोलिस्टिक मार्केट) की पेशकश करने वाले और उनके बाजार की सुरक्षा करने वाले ब्रांड का चयन करना।

एकाधिकारवादी बाजार (मोनोपोलिस्टिक मार्केट) में, रीसेलर को सीमित प्रतिस्पर्धा के कारण अधिक प्रॉफिट मार्जिन से लाभ हो सकता है। इसके अतिरिक्त, उनकी वित्तीय सुरक्षा बढ़ सकती है क्योंकि एकाधिकारवादी आपूर्तिकर्ता (मोनोपोलिस्टिक सप्लायर्स) अक्सर स्थिर कीमतें और लगातार उत्पाद उपलब्धता (प्रोडक्ट अवेलेबिलिटी) सुनिश्चित करते हैं, जिससे लागत में उतार-चढ़ाव या कमी का जोखिम कम हो जाता है।

अब जब आप '4पी ग्रोथ फ्रेमवर्क' और उसके घटकों को स्पष्ट रूप से समझ गए हैं, तो पुस्तक के अगले भाग में, हम 9 महत्वपूर्ण वास्तविक जीवन स्थितियों पर चर्चा करेंगे जो टी.एम.टी. बार डीलरशिप के विकास के लिए बहुत महत्वपूर्ण हैं।

यदि इन स्थितियों से ठीक से नहीं निपटा गया तो परिणाम भयावह हो सकते हैं। इससे दशकों पुरानी टी.एम.टी. डीलरशिप भी बंद हो सकती है।

हालाँकि, हम आपको आश्वस्त करते हैं कि आपके साथ ऐसा कुछ भी नहीं होगा, आप पूरी तरह से सुरक्षित हैं। आपको बस आराम से बैठने और इन स्थितियों की कल्पना करना है, उनसे कैसे निपटें, उसे सीखना है, क्योंकि हो सकता है कि आप भी उनमें से एक या कई का नियमित रूप से/अक्सर सामना कर रहे हों।

बिना समय लगाए ग्राहकों से बार-बार ऑर्डर प्राप्त करना

मुंगेरीलाल के हसीन सपने सच हुएः 7 स्टार के साथ सपने बने हकीकत!

हम एक डीलर से मिले जो पिछले 40 वर्षों से उसी इलाके में टी.एम.टी. बार बेच रहे थे। हमने उनसे चर्चा की कि पिछले 4 दशकों में व्यवसाय में क्या बदलाव आया है। उन्होंने कहा कि जब उन्होंने पहली बार व्यवसाय शुरू किया था तो यह अच्छा और बहुत लाभदायक था। वे उस क्षेत्र में एक विशेष ब्रांड के एकमात्र टी.एम.टी. डीलर थे। वे ग्राहकों से प्रीमियम वसूलने में सक्षम थे। क्योंकि वे ही एकमात्र डीलर थे, इसलिए 'रिपीट सेल्स' अधिक हो रही थी। उनका समय अच्छा था कि उनके कोई प्रतिद्वंद्वी नहीं थे। और इसी चलते वे अपने बिजनेस का विस्तार करने, घर बनाने और अपने बच्चों को उच्च शिक्षा के लिए देश के सर्वश्रेष्ठ विश्वविद्यालयों में भेजने में सक्षम हुए। उस इलाके में उन्हें 'सरिया वाला' के नाम से जाना जाता था।

फिर समय के साथ, नई डीलरशिप खुलने लगीं, पहले 1, फिर दूसरी और अब 3 कि.मी. के दायरे में 8-10 डीलर हैं। सभी एक ही ब्रांड बेच रहे हैं। किसी भी डीलर के पास कोई यू.एस.पी. (उच्च

बिक्री बिंदु) नहीं है। अब उन डीलरों की स्थिति यह है कि वे या तो उधार बेच रहे हैं या बहुत ही कम मार्जिन पर। यहाँ तक कि कुछ डीलर अपना मार्जिन बढ़ाने के लिए अनैतिक तरीके भी अपना रहे रहे हैं क्योंकि कड़ी प्रतिस्पर्धा के कारण वे कीमतें नहीं बढ़ा सकते हैं। अब उनका मुनाफा काफी कम हो गया है और परिणामस्वरूप उनको अपना और अपने परिवार का जीवन चलाने में भी चुनौतियों का सामना करना पड़ रहा है।

उनकी समस्या सुनने के बाद, हमने उनसे एक परिस्थिति की कल्पना करने के लिए कहा- ''कल्पना कीजिए कि आप अपने पुराने समय में वापस आ गए हैं। आप एक बार फिर अपने क्षेत्र में किसी विशेष ब्रांड के एकमात्र डीलर हैं, तो जाहिर है कि उस विशेष ब्रांड को बेचने के लिए अन्य डीलरों से आपकी कोई प्रतिस्पर्धा नहीं है। आप निश्चिंत हो सकते हैं कि आपको सबसे अच्छी कीमत मिलेगी, और कोई भी आपको रेट कम करने के लिए नहीं कह सकता। कंपनी की ओर से मार्केटिंग और सेवा से संबंधित सारी सुविधाएं उपलब्ध हैं। मुनाफा कमाने के लिए आपको कोई अनैतिक काम करने की जरूरत नहीं है। ग्राहक खुद आपको ज्यादा कीमत देंगे। ये सब आपको कैसा लग रहा है?''

उन्होंने झट से जवाब दिया की यह 'मुंगेरी लाल के हसीन सपने' जैसा है।

उनका जवाब दिलचस्प और खुश करने वाला था। उन्होंने अपने जवाब में एक लोकप्रिय टीवी सीरियल का संदर्भ दिया था जहाँ नायक असंभव सपने देखता है जो कभी सच नहीं होते।

लेकिन हमने इस सपने को तब हकीकत में बदल दिया जब वे 7 स्टार के साथ जुड़े, जहां उन्हें 3 कि.मी. के दायरे में विशिष्टता

और सर्वोत्तम प्राइस पॉलिसी का आश्वासन दिया गया। कंपनी ने यह सुनिश्चित किया कि डीलर को सभी मार्केटिंग कोलैटरल दिए जाएं, और डीलर के बिक्री कर्मचारियों को विभिन्न ग्रेड के लाभों और टी.एम.टी. बार की गुणवत्ता के बारे में उचित प्रशिक्षण दिया जाए जो किसी अन्य ब्रांड ने कभी नहीं किया था। डीलर की दुकान को नए सिरे से डिजाइन किया गया और उसे एक कंपनी शॉप बना दिया गया, जो दुकान में कंपनी के प्रोडक्ट्स और एजुकेशनल पोस्टर्स डिस्प्ले करती थी।

7 स्टार ने TMT को तौल के वीकली रेकमेंडेड कन्ज्यूमर के आधार पर नहीं, बल्कि उसे 'पीस' पर बेचने का फॉर्मूला। अपनाया जो उसके लिए अनोखा बिक्री बिंदु (USP) साबित हुआ। मूल्य (आर.सी.पी.)। ग्राहक को आश्वस्त किया गया कि उसे वही मिल रहा है जो उसे चाहिए, जिसके लिए उसने पैसे खर्च किए हैं क्योंकि वजन करने की तुलना में गिनती करना बहुत आसान है, और इस पहल से टी.एम.टी. को लाने ले जाने के दौरान या कस्टमर के साइट पर से चोरी का खतरा भी खत्म हो गया।

मैं 6 महीने बाद फिर उस डीलर से मिला और उनसे पूछा कि अब उनका बिजनेस कैसा चल रहा है।

डीलर ने कहा कि अब वे बेहद खुश हैं। उनका पूरा जीवन ही बदल गया है। अब उन्हें ग्राहक के पीछे भागना नहीं पड़ता।

उनकी दुकान ग्राहकों को चुंबक की तरह आकर्षित कर रही थी। उनकी शर्तों और कीमतों को उनके ग्राहक सहर्ष स्वीकार करते थे, कीमत कम करने के लिए नहीं कहते। उन्हें पूरा विश्वास था कि कोई भी उनकी विशिष्टता के क्षेत्र में 7 स्टार ब्रांड जैसी पेशकश नहीं कर सकता।

आर.सी.पी. ने ग्राहकों के बीच भरोसा बढ़ाया और साथ ही मुनाफा भी। यह दोनों पक्षों के लिए लाभ की स्थिति थी।

उनका प्रॉफिट दिन-ब-दिन बढ़ता जा रहा था। 6 महीनों में ही उन्होंने अपना कर्ज 25% तक कम कर लिया था और उन्हें अगले 1 साल में कर्ज मुक्त होने का भरोसा आ चुका था।

और यही 4पी फ्रेमवर्क के 'चौथे पी' का जादू है- प्रेफर्ड पार्टनर या पसंदीदा भागीदार!!!

ऊपर बताई गई परिस्थिति के विपरीत, परंपरागत परिस्थिति में क्या होता है कि अगर आप ग्राहक को अपनी दुकान से प्रोडक्ट खरीदने के लिए मना भी लेते हैं, कम से कम प्राइस बताते हैं ताकि आप नए ग्राहक बना सकें, फिर भी कोई गारंटी नहीं होती कि वे आपके यहाँ से सामान लेंगे ही। इसका कारण यह है कि ग्राहकों की खोज आपकी दुकान पर ही खत्म नहीं होगी। वे इससे भी सस्ते दामों में इन प्रोडक्ट्स को लेना चाहेंगे, वो भी ये जाने बगैर कि जो आपसे कम में उन्हें टी.एम.टी. दे रहे हैं, क्या आपकी और उनकी क्वालिटी एक है या फिर आपकी क्वालिटी बेहतर है। हो सकता है वे आपके इतने प्रयासों और तरीकों के बावजूद भी आपसे सामान न खरीदें और दूसरी जगह से सामान लेकर मुसीबत में पड़ जाएं, और बाद में अपने इस निर्णय के लिए पछताएं।

और अगर डीलर को ऑर्डर मिल भी जाता है, तो वे कभी भी आश्वस्त नहीं हो सकते कि उन्हें ग्राहक से दोबारा ऑर्डर मिलेगा ही। डीलर को डर होता है कि जब भी ग्राहक को अगली आवश्यकता होगी, तो वे ऑर्डर को अंतिम रूप देने से पहले निकल लेंगे (जैसा की ऊपर उल्लेख है)। संक्षेप में, डीलर कम मार्जिन पर बेचने के बाद भी अपने बिजनेस को बेहतर करने को लेकर आश्वस्त नहीं रहता है।

और अगर हम मान भी लें कि डीलर ग्राहक को बनाए रखने में सक्षम है तो:

1. क्या डीलर के पास ग्राहक को यह विश्वास दिलाने की कोई व्यवस्था है कि उन्हें दी जा रही कीमत सही है? उन्हें संदेह हो सकता है कि डीलर उन्हें लूट रहा है।

2. कुछ डिलीवरी के बाद, यदि किसी ग्राहक को अन्य विक्रेता से उसी ब्रांड के लिए कम कीमत पर वही प्रोडक्ट मिल जाता है, तो क्या वह ठगा हुआ महसूस नहीं करेगा?

3. क्या ग्राहक यह सोचकर डीलर की बकाया रकम से प्राइस (price) में हो रहे अंतर की रकम काटने की कोशिश नहीं करेगा कि उसने उसे पिछले लेन-देन में लूट लिया है?

4. क्या डीलर के लिए खुद को इस जोखिम से बचाने और साथ ही ग्राहक को खुश रखने का कोई अचूक तरीका है?

हाँ, निश्चित रूप से, उपरोक्त वास्तविक जीवन के उदाहरण में डीलर की तरह, आप इस स्थिति से उबरने के लिए '4पी ग्रोथ फ्रेमवर्क' के चौथे 'पी: पसंदीदा पार्टनर' का उपयोग कर सकते हैं।

1. प्रोडक्ट मोनोपोली (Product Monopoly) के कारण, डीलर 100% आश्वस्त हो सकता है कि यदि ग्राहक उत्पाद से संतुष्ट है, तो वे निश्चित रूप से दोबारा ऑर्डर के साथ वापस आएगा।

2. कंपनी का पसंदीदा डीलर होने के नाते, डीलर को कंपनी से प्रेफरेंशियल बुकिंग, समय पर डिलीवरी और बिक्री सहायता प्राप्त होती है। इससे ग्राहक से बार-बार ऑर्डर मिलने की संभावना और भी अधिक हो जाती है।

3. ग्राहक को किसी और से बेहतर कीमत नहीं मिल पाएगी क्योंकि किसी के पास वह ब्रांड नहीं है या कोई भी डीलर, उससे बेहतर कीमत नहीं दे सकता है।

4. एकाधिकार क्षेत्र वाले डीलरों पर भी ग्राहक की नजर में भरोसा अधिक होता है कि केवल इस डीलर को ही इस ब्रांड के लिए विशिष्टता क्यों दी गई है।

5. जब डीलर एक विश्वसनीय और प्रतिष्ठित ब्रांड के साथ काम कर रहा होता है, तो वह ऑटोमैटिक रूप से नए और मौजूदा ग्राहकों के बीच विश्वास और विश्वसनीयता पैदा करता है।

6. जब ग्राहकों को एहसास हो जाता है कि डीलर के पास ब्रांड के साथ एक क्षेत्र विशिष्टता (area exclusivity) है और कोई भी उन्हें वही उत्पाद नहीं दे सकता है, तो इससे ग्राहक की नजर में विश्वास बढ़ाने में मदद मिलती है।

7. जब ग्राहक को डीलर पर पूरा भरोसा हो जाता है, तो वे डीलर द्वारा पेश किए गए अन्य उत्पादों को भी खरीदने के इच्छुक हो जाते हैं। अपसेलिंग और क्रॉस-सेलिंग से डीलर को फायदा होगा। उदाहरण के तौर पर वे सीमेंट, टाइलें, सेनेटरीवेयर आदि भी बेच सकते हैं।

8. जब ग्राहक के अंदर विश्वास पैदा हो जाता है, तो वे डीलर के साथ बार-बार नेगोशिएट (negotiate) नहीं करेंगे। वे बस अपनी आवश्यकता बताएंगे और डिलीवरी लेंगे। डीलर को कीमत के मामले में रोज-रोज की परेशान करने वाली सौदेबाजी से मुक्ति मिल जाएगी। *रोज-रोज की कीमत की चिक-चिक ही खत्म हो जाएगी।*

बिक्री के बजाय टी.एम.टी. बार की खरीद में कीमती समय बर्बाद करना

प्राथमिकताओं पर ध्यान दें: टाइम इज मनी

हमारे हालिया होली मिलन के दौरान, हम यूपी के अपने एक डीलर से मिले। चर्चा के दौरान, उन्होंने मुझे बताया कि कैसे वह सिर्फ एक काम करके अपनी बिक्री 70% तक बढ़ा पाए थे।

वह एक चीज बहुत आसान थी, लेकिन फिर भी, वे पिछले कई वर्षों से ऐसा नहीं कर रहे थे। हालाँकि वे पिछले 5 वर्षों से टी.एम.टी. बार के डीलर रहे हैं, लेकिन वे अपना सारा समय दुकान पर उस ब्रांड के टी.एम.टी. की सबसे सस्ती कीमत खोजने में बिता रहे थे। जिस समय उन्हें दुकान पर होना चाहिए, अपनी बिक्री बढ़ाने पर ध्यान देना चाहिए था, उस समय वे एक दुकान से दूसरी दुकान टी.एम.टी. का 'प्राइस' पूछ रहे थे, अपना कीमती और बहुमूल्य समय इनमें जाया कर रहे थे। लेकिन चूंकि वे जिस ब्रांड को बेच रहे थे, उसकी मांग बहुत अधिक थी, उनकी बिक्री स्वाभाविक रूप से हो रही थी। उनकी दुकान का ग्रोथ बिना किसी प्रयास से हो रहा था।

लेकिन जैसे-जैसे प्रतिस्पर्धा बढ़ी और उनके क्षेत्र में यही ब्रांड बेचने वाली कई नई डीलरशिप खुल गईं, उन्हें बिक्री की समस्याओं का सामना करना पड़ा। उन्हें अब अपनी बिक्री बढ़ाने का कोई उपाय नहीं सूझ रहा था। थक-हार कर उन्होंने अपने प्रोडक्ट्स पर छूट देना शुरू कर दिया, ताकि ग्राहक उनके यहाँ टिके रहें, नए-नए ग्राहक भी आते रहें।

अब चूँकि उन्हें ग्राहकों को छूट देनी पड़ रही थी, इसलिए अब सस्ते टी.एम.टी. की खोज की रफ्तार उन्होंने और तेज कर दी। लोगों से मिलते, फोन करते, उन्होंने ऑनलाइन प्रयास भी तेज कर दिया था। पूरा का पूरा दिन उनका इसी काम में निकल जाता..... डिस्ट्रीब्यूटर्स से गठबंधन करने में। लेकिन उनके लिए कहीं से भी अच्छी खबर नहीं आ रही थी क्योंकि उस एरिया के बाकी सब डीलर भी इसी प्रयास में लगे थे।

एक दिन, उन्हें एक नए ब्रांड के लिए एक विशेष डीलर बनने का प्रस्ताव मिला, जिसकी कीमत हर 2 घंटे में नहीं बदलती थी, लेकिन 1 सप्ताह के लिए एक ही कीमत थी। इस प्राइस को रेकमेंडेड कंस्यूमर प्राइस (Recommended Consumer Price) या आर.सी.पी. कहा है। यह प्राइस पूरे 1 सप्ताह के लिए वैध था।

कंपनी ने यह सुनिश्चित किया कि डीलर को बाजार के उतार-चढ़ाव का नुकसान न उठाना पड़े। इसके लिए कंपनी ने डिस्पैच से 3 दिन तक रेट की गारंटी दी। यानी अगर फैक्ट्री से डीलर की दुकान तक डिस्पैच के 3 दिन के भीतर रेट में कोई बदलाव होता है, तो डीलर को इस प्राइस में अंतर के लिए एक क्रेडिट नोट मिलेगा। इस प्रकार, डीलरों को प्राइस में किसी भी तरह के उतार-चढ़ाव से बचाया जा सकेगा क्योंकि आमतौर पर डीलर 3 दिन में अपने स्टॉक की बिक्री

कर लेते हैं। इस उपाय से डीलरों के बीच कम से कम कीमत पर प्रोडक्ट खरीदने की होड़ खत्म हो गयी।

अब जब वे प्राइस की रोज की चिक-चिक से मुक्त हो गए, तो उन्होंने बिक्री बढ़ाने के लिए अपनी मार्केटिंग रणनीति और अन्य मार्केटिंग-संबंधी गतिविधियों पर ध्यान देना शुरू कर दिया क्योंकि प्राइस फिक्स होने के कारण उन्हें सस्ते माल के चक्कर में एक जगह से दूसरी जगह भटकना नहीं पड़ रहा था।

अब जब समय मिलना शुरू हुआ तो, उन्होंने एक सरल लेकिन प्रभावी लीड प्रबंधन प्रणाली (Lead Managament System) स्थापित की, अपने पुराने ग्राहकों के साथ काम करना शुरू किया। टी.एम.टी. कंपनी ने भी उनकी काफी मदद की..... उनकी दुकान को शोरूम में बदल दिया ताकि यह व्यवस्थित और आकर्षक दिखे और साथ ही उन्हें प्रभावशाली मार्केटिंग की ट्रेनिंग भी शुरू की।

उनके और कंपनी के संयुक्त प्रयासों से 5-6 सप्ताह में ही सकारात्मक परिणाम दिखने लगे। उन्हें अब ऐसे ग्राहक मिलने लगे जो इस कीमत और शर्तों पर खरीदारी करने के लिए तैयार थे। उनको प्रॉफिट आने लगे, एक ही ग्राहक के बार-बार आर्डर (रिपीट सेल्स) आने लगे और बाजार में धीरे-धीरे उनकी देनदारी भी कम होने लगी।

आज उनकी दुकान पूरे इलाके में सबसे ज्यादा बिक्री करने वाली टी.एम.टी. दुकान बन चुकी है।

यह 4पी फ्रेमवर्क के 'तीसरे पी' का जादू है- प्रोडक्टिविटी या उत्पादकता!!!

अब एक पारंपरिक परिस्थिति पर नजर डालते हैं।

डीलर, अपने प्रोडक्ट्स की बिक्री करने, बिक्री बढ़ाने के तरीके ढूंढने के बजाय, अपनी पूरी एनर्जी किसी ऐसे डिस्ट्रीब्यूटर की तलाश में लगा देता है जो उसे सबसे सस्ते दामों पर सामान दिला सके। अगर सबसे अच्छे प्राइस पर सामान मिल भी जाए, तो भी डीलर उसी उधेड़बुन में होता है कि शायद इससे भी सस्ती दर पर हमें माल मिल जाता, अब तो मेरा पैसा फँस चुका।

उदाहरण के लिए-

1. मान लीजिए कि सुबह 11 बजे कंपनियां टी.एम.टी. की दरें सार्वजनिक करती हैं, और किसी विशेष ब्रांड के लिए व्यापार 50000 प्रति एम.टी. है।

2. शाम 4 बजे तक 15 व्यापारियों और 4 कंपनियों के साथ लगातार नेगोशिएशन के बाद, डीलर को अंततः 49600 पीएमटी की सर्वोत्तम कीमत मिलती है और वह उस व्यापारी/कंपनी के साथ अपना ऑर्डर बुक करता है।

3. लेकिन मसला यहीं हल नहीं हो जाता। वह डीलर खुश होने के बजाय, कि उसके प्रयासों से उसे मार्केट का बेस्ट रेट मिल गया, मन ही मन यह सोचने लगता है कि शायद मैंने 2-3 और व्यापारियों से बात किया होता, तो शायद उसे यह 49300 (बेहतर कीमत) में ही प्रोडक्ट मिल गया होता। अब उस डीलर की मनोदशा समझिए: 19 अलग-अलग सेल पॉइंट्स के साथ निगोशिएट करने के बाद भी वह खुश नहीं है, क्योंकि उसे जिस भी प्राइस पर प्रोडक्ट मिलता है, वह उससे बेहतर प्राइस की उम्मीद कर बैठता है।

4. ऐसा रोज होता है, लगभग प्रत्येक डील में!!!

5. जरा सोचिये, कितना समय बर्बाद होता है इतनी सारी व्यस्तता सिर्फ ये जानने के लिए कि कहाँ से 2 रुपया सस्ता माल मिलेगा, और जब मिल जाता है, तो तनाव। 'गलती कर दी, थोड़ा और प्रयास किया होता तो 2 रुपया और सस्ता मिल जाता माल' इन सब प्रयासों और समय को अगर सकारात्मक कामों में लगाया जाता, मार्केटिंग में लगाया जाता, मार्केटिंग की नई रणनीतियाँ बनाई जाती, प्रभावी लीड मैनेजमेंट सिस्टम विकसित किया जाता है, अच्छे प्रोसेस सेट अप किए गए होते, तो परिणाम आश्चर्यजनक होता।

यहाँ पर, ऐसे डीलर को इस स्थिति पर काबू पाने के लिए 4पी ग्रोथ फ्रेमवर्क के तीसरे 'पी: प्रोडक्टिविटी या उत्पादकता' का प्रयोग करना चाहिए ताकि इनकी स्थिति भी मजबूत और बेहतर बने, वे भी प्राइस की इस चिक-चिक से निकल पाएँ, प्रभावी और असरदार मार्केटिंग रणनीति बना पाएँ, टी.एम.टी. कंपनी का भरपूर सहयोग ले सकें और मार्केट में अपनी सफलता का झंडा गाड़ सकें।

टी.एम.टी. बार की खरीद पर लगने वाले समय को कम करना बिजनेस के ग्रोथ के लिए महत्वपूर्ण है। इससे डीलरों के लिए, बिक्री और ग्राहक सेवा जैसी अन्य आवश्यक गतिविधियों पर ध्यान देने के लिए अनुकूल माहौल का निर्माण होता है। फलस्वरूप उत्पादकता (productivity) में वृद्धि, तेजी से ऑर्डर पूर्ति और बेहतर ग्राहक संतुष्टि होती है, जो अंतत: व्यवसाय के विकास के रथ को आगे बढ़ाती है।

नए ग्राहक बनाने, उन्हें ट्रेनिंग देने और लीड प्रबंधन प्रणाली (lead management system) बनाने में समय देने के बजाय, डीलर अपना समय केवल बाजार का आकलन करने, अपने प्रोडक्ट की सबसे कम कीमत का अंदाजा लगाने और अंतत: निर्णय लेने में बर्बाद कर रहा है।

एक गैर-एकाधिकारवादी बाजार

विशिष्ट एकाधिकार: प्रगति का मार्ग

दिल्ली में हमारे एक डीलर ने हमारे प्रीमियम ब्रांड, '7 स्टार' की बिक्री में उत्कृष्ट प्रदर्शन दिखाया है। वे 1980 के दशक से राठी ब्रांड में काम कर रहे हैं और यह उनके क्षेत्र में बहुत प्रसिद्ध और लोकप्रिय काउंटर है। उन्होंने पिछले साल अक्टूबर में 7 स्टार में कारोबार शुरू किया और आज वह प्रति माह लगभग 600-700 मीट्रिक टन की बिक्री कर रहे हैं। ये, 7 स्टार के प्रोडक्ट्स को थोक नहीं बल्कि रिटेल में बेचते हैं और प्रत्येक बिक्री पर भारी मुनाफा कमा रहे हैं।

हाल ही में, उन्होंने हमसे एक बड़े रियल एस्टेट ग्राहक से मिलने का अनुरोध किया, जिसने नोएडा में अपने प्रोजेक्ट के लिए 7000 मीट्रिक टन टी.एम.टी. बार की मांग की थी। बैठक से वापस लौटते समय हमने उनसे 7 स्टार के प्रोडक्ट्स बेचने के उनके अब तक के अनुभव के बारे में पूछा और साथ ही यह भी जानने की कोशिश की कि वे इतने कम समय में अपनी बिक्री को इस कदर बढ़ाने में कैसे सफल रहे।

उन्होंने मुझसे कहा कि उनकी सफलता के पीछे मुख्य कारण 'एकाधिकार' (monopoly) है। चूंकि 7 स्टार का फ्रेंचाइजी प्राप्त करने

के लिए इच्छुक डीलर के पास 3 कि.मी. का एरिया होना अनिवार्य होता है, इसलिए वे इस चीज को लेकर आश्वस्त थे कि 7 स्टार के प्रभावी सेल्स और प्रमोशन के प्रयास से उन्हें जबरदस्त सफलता मिलेगी। उनके नियमित ग्राहक तो उनसे बंधे रहेंगे ही, साथ ही उन्हें नित नए ग्राहक भी मिलते रहेंगे। इसका कारण यह था कि 7 स्टार के प्रोडक्ट्स को लेकर उस क्षेत्र विशेष में उनका एकाधिकार था।

दूसरा बड़ा कारण जो उन्होंने बताया वो था उनका 7 स्टार का एक्सक्लूसिव काउंटर होना। उनके पास 7 स्टार जैसे ब्रांड की ताकत थी, उन्हें उस कंपनी के प्रोडक्ट्स काफी कम कीमतों पर मिल रहे थे और साथ ही उस कंपनी का भरपूर सहयोग भी। इसलिए, उन्हें इस कंपनी के प्रोडक्ट्स की विलक्षण विशेषताओं को बताने में गर्व का अनुभव हो रहा था। उन्हें बल्कि 7 स्टार से डिजिटल मार्केटिंग के प्रभावी तरीकों से प्राप्त की गयी लीड्स के जरिए 100-150 टीएमटी का ऑर्डर प्रत्येक महीना दिया जाता था।

उनके जबरदस्त प्रदर्शन को देखते हुए, हमने उन्हें प्रेफरेंशियल डिस्पैच और अतिरिक्त बिक्री सहायता देने का भी फैसला किया है और बाजार में तेजी के दौरान उनकी बुकिंग का कोटा भी बढ़ा दिया है। यह हमारे ब्रांड के प्रति उनकी प्रतिबद्धता का ही नतीजा है कि हम, कंपनी के निदेशक, जब भी वे अनुरोध करते हैं, उनके ग्राहकों से मिलने के लिए उनके साथ जाते हैं।

यह 4पी फ्रेमवर्क के 'चौथे पी' का जादू है-
प्रेफर्ड पार्टनर या पसंदीदा भागीदार!!!

आज, टी.एम.टी. बार का बाजार बहुत प्रतिस्पर्धी है, जिसमें बड़ी संख्या में दुकानें प्रमुख कंज्यूमर एरिया में स्थित हैं।

कई लोकप्रिय ब्रांड अपने डीलरों को एक्सक्लूसिव एरिया की पेशकश करने की नीति का पालन नहीं करते हैं, और इसलिए एक ही ब्रांड के प्रोडक्ट क्षेत्र के कई डीलरों के पास उपलब्ध रहते हैं।

इसके परिणामस्वरूप डीलरों के बीच प्राइस वार होता है।

1. आइए, दिल्ली के एक बाजार, खानपुर का उदाहरण लेते हैं, जहाँ एक-दूसरे के ठीक बगल में 4 दुकानें हैं।

2. एक ही ब्रांड चारों दुकानों पर उपलब्ध है।

3. जब भी कोई ग्राहक उस ब्रांड को खरीदने आता है, तो वह सभी दुकानों पर जाता है क्योंकि वे आस-पास ही हैं।

4. चूँकि सभी एक ही ब्रांड बेच रहे हैं, तो कोई भी ग्राहक सबसे कम दाम पर उस प्रोडक्ट को खरीदने के लिए सभी दुकानदारों से बात करेगा, प्राइस कम करने के लिए नेगोशिएट करेगा।

5. कई बार ऐसा भी हो सकता है जब कोई ग्राहक किसी प्रोडक्ट को अपनी कीमत पर खरीदने के लिए झूठ बोल दे। "वो तो इतने में ही दे रहा है, मैंने तो गलती कर दी, कि यहाँ आ गया। अंतिम बार पूछ रहा हूँ। इस कीमत पर दे रहे हो या नहीं?"

6. अब चूंकि सभी डीलरों के पास एक ही ब्रांड है तो उसे भरोसा ही नहीं है कि उस कीमत पर दूसरा डीलर नहीं बेच सकता। उसे तुरंत विश्वास हो जाएगा कि मैं ट्रेडर या स्टॉकिस्ट से जिस रेट पर माल ले रहा हूँ, शायद उससे भी कम कीमत पर मेरे बगल का दुकानदार माल ले रहा है, तभी तो उसने इस ग्राहक को इतनी कम कीमत पर प्रोडक्ट बेचने की पेशकश की है।

हालाँकि, जैसा कि ऊपर साझा किए गए वास्तविक जीवन के उदाहरण में दिखाया गया है, डीलर इस स्थिति से उबरने के लिए 4पी ग्रोथ फ्रेमवर्क के चौथे 'पी: पसंदीदा पार्टनर' का उपयोग कर सकता है।

1. ऐसा ब्रांड चुनना जो किसी क्षेत्र के लिए एकाधिकार या मोनोपॉली प्रदान करता हो, आपको हमेशा आपके द्वारा बनाए गए ग्राहक की सुरक्षा करने में मदद करेगा, अच्छा मार्जिन सुनिश्चित करेगा और साथ ही आपके पैसे को भी सुरक्षित रखेगा।

2. आपको इस बात की चिंता भी नहीं होगी, कि जिस ग्राहक को आपने कई तरीकों से आपके यहाँ से प्रोडक्ट लेने के लिए राजी किया है, वो आपके पास लौट के आएगा भी कि नहीं।

3. विनिर्माता भी ऐसे डीलर को प्राथमिकता देता है जिसके पास सेल्स सपोर्ट, लीड शेयरिंग, दर में बढ़ोत्तरी के दौरान प्रेफरेंशियल बुकिंग आदि जैसे एकाधिकार हों।

4. तो आगे बढ़ें, झंझटों को जड़ से मिटाएं और विशिष्ट होने के लाभों का आनंद उठाने के लिए सही विकल्प चुनें।

क्या आपकी नई पीढ़ी आपकी टी.एम.टी. डीलरशिप से जुड़ने में रुचि रखती है?

काम करने के नए संगठित तरीकों को अपनाएं: एक चुंबक की तरह इस व्यवसाय में अगली पीढ़ी को आकर्षित करें

हाल ही में सक्सेशन प्लानिंग पर आयोजित एक वर्कशॉप के दौरान मैंने सीखा कि सन 2000 और उसके बाद पैदा हुई पीढ़ी, कैसे सोचती है और व्यवसाय को कैसे देखती है। चूँकि उनकी पहुँच और महारत टेक्नोलॉजी में है, इस पीढ़ी के लोग हर एक काम को टेक्नोलॉजी के आधार पर करना चाहते हैं। अगर हम उनसे कहें कि जिस तरह से हम बिजनेस शुरू करने के बाद से काम कर रहे हैं उसी तरह से काम करें, तो वे पूरी तरह से मना कर देंगे। यही मुख्य कारण है कि नई पीढ़ी या तो अपनी पीढ़ी के पुराने व्यवसायों से जुड़ने में रुचि नहीं रखती या यदि जुड़ती भी है तो बिना मन के, उस बिजनेस को बढ़ाने के लिए कोई खास प्रयास नहीं करती।

अपने एक बहुत पुराने डीलर के साथ कॉफी पीते हुए इस बारे में चर्चा करने पर हमें एहसास हुआ कि हमारी दूसरी या तीसरी पीढ़ी के अधिकांश डीलर भी कमोबेश इसी तरह की समस्याओं का सामना कर रहे हैं। हालांकि वे अभी भी एक महीने में करोड़ों रुपये की टी.एम.टी. बार बेच रहे हैं, लेकिन उनके उत्साह का स्तर लगातार कम होता जा रहा है।

इसके पीछे मुख्य कारण यह है कि उनकी नई पीढ़ी उनकी डीलरशिप से जुड़ने के लिए तैयार नहीं है। उन्हें लगता है कि उनके पिता का व्यवसाय उतना 'संगठित' और 'व्यवस्थित' नहीं है और 'उनके पिता जिस तरह से काम करते रहे हैं, वह उनके बस की बात नहीं है।' उनका यह भी मानना है कि डेटा मैपिंग में वृद्धि और व्यावसायिक प्रथाओं (business practices) में पारदर्शिता आने के साथ, जिस तरह से वे वर्तमान में काम करते हैं उसे बहुत जल्द बदलना होगा।

उनके अनुसार, व्यवसाय को बढ़ाने की कोई गुंजाइश नहीं है। उनका तर्क है कि देश के अलग-अलग शहरों में नए काउंटर खोल देने से कुछ नहीं होगा। वे खुद वहाँ पर उपलब्ध होंगे, तभी बात बनेगी।

एक और बड़ा कारण जो मेरे दिमाग में आता है वह यह है कि टी.एम.टी. बार का मौजूदा काउंटर आधुनिक नहीं है और इसके चलते काम करने के लिए तो माहौल नहीं बन पाता, जिसकी युवा पीढ़ी आदी है या चाहती है। आजकल, हम सभी उन दुकानों पर जाना चाहते हैं जो अत्याधुनिक लुक, फील देने के साथ साथ, अत्याधुनिक अनुभव भी देती हों। दुकान कैसी होनी चाहिए, उसके बारे में आज की पीढ़ी के व्यवसाइयों और खरीदारों की सोच बदल गई है। शॉपिंग मॉल इसका एक उत्कृष्ट उदाहरण है। इसमें ग्राहकों की संख्या दिन-ब-दिन बढ़ती जा रही है, जबकि पारंपरिक बाजार में उसी ब्रांड की दुकानों में ग्राहकों की संख्या दिन-ब-दिन कम होती जा रही है।

इसलिए, हमारा दृढ़ विश्वास है कि यदि टी.एम.टी. बार डीलर अपनी नई पीढ़ी को संगठित और व्यवस्थित कामकाजी माहौल प्रदान करने में सक्षम हो, तो कोई कारण नहीं है कि वह उसके साथ नहीं जुड़ेगी। वे व्यवसाय की क्षमता से पूरी तरह परिचित हैं, बाजार में

उनकी अच्छी साख है, उनके पास पुराने ग्राहक हैं और उनके पास ढेर सारा अनुभव रखने वाली मार्गदर्शक शक्ति भी है। लेकिन यहाँ पर मुख्य चुनौती कामकाजी माहौल और संगठित कार्य संस्कृति देने की है।

यह 4पी फ्रेमवर्क के 'दूसरे पी' का जादू है– पीस ऑफ माइंड या मन की शांति!!!

पिछले कुछ वर्षों में भारत बहुत बदल गया है। सूचना प्रौद्योगिकी और ई-कॉमर्स, सूचना विनिमय प्लेटफॉर्म (इन्फॉर्मेशन एक्सचेंज प्लेटफॉर्म), इंटरनेट बैंकिंग आदि जैसी नए युग की व्यावसायिक प्रौद्योगिकियों की शुरूआत, नई पीढ़ी को व्यवसाय करने के संगठित, सुलभ, आरामदायक और परेशानी मुक्त तरीके उपलब्ध करा रही है। यह तरीका आसान भी है और असरदार भी।

लेकिन दुर्भाग्य से, अधिकांश टी.एम.टी. डीलरशिप अभी भी पुराने ढंग से काम कर रहे हैं, वे समय के साथ अपने काम करने के ढंग और वर्क एनवायरन्मेंट को बेहतर करने में विफल रहे हैं।

आने वाले समय में टी.एम.टी. डीलरशिप मालिकों के लिए अपनी नई पीढ़ी को अपनी डीलरशिप में शामिल होने के लिए मनाना एक बहुत बड़ी चुनौती होगी, क्योंकि नई पीढ़ी संगठित और व्यवस्थित वर्क इनवायरनमेंट चाहती है।

इसके अलावा, वर्तमान बाजार परिदृश्य के कारण, टी.एम.टी. बार डीलरशिप के कारोबारी अक्सर व्यवसाय में लाभ कमाने के लिए अनुचित और अवैध तरीकों का उपयोग करने के लिए मजबूर हो जाते हैं। इस अनैतिकता को समझ जाने पर, नई पीढ़ी के लोग इस बिजनेस से जुड़ने और कुछ साल तक काम करने के बाद भी अपना हाथ खींच लेते हैं।

हमें ईमानदारी से बताएं, जब अगली पीढ़ी आपको अनैतिक रूप से व्यवसाय करते हुए देखती है (जो आप बाजार की प्रतिकूल परिस्थितियों के कारण करने के लिए मजबूर हैं- हालांकि हम आपको एक रास्ता दे रहे हैं), तो इसका उन पर क्या प्रभाव पड़ेगा? क्या वे इस नए युग में आपके साथ मिलकर काम करने के लिए उत्साहित होंगे?

या, क्या वास्तव में, आप चाहेंगे कि वे भी ऐसा ही काम करें जिसे आपको मजबूरन करना पड़ रहा है?

यहां, एक डीलर के रूप में, आपको इस स्थिति से उबरने के लिए 4पी ग्रोथ फ्रेमवर्क के दूसरे 'पी: पीस ऑफ माइंड' का प्रयोग करना चाहिए-

1. एक ऐसा टी.एम.टी. डीलरशिप होना जो आपके काम को तनाव रहित बनाए, जिसमें प्रॉफिट पाने या बाजार में बने रहने के लिए किसी भी तरह का अनैतिक काम न करना पड़े, यही समय की मांग है। अगर आप ऐसा करने में सफल हो जाते हैं, तो फिर निश्चय ही आप अगली पीढ़ी को इस बिजनेस में आने के लिए राजी कर लेंगे और आपका बिजनेस डबल इंजन वाला हो जाएगा।

2. कंपनी का पसंदीदा डीलर होने और निष्पक्ष और पारदर्शी तरीके से व्यापार करने की सद्भावना का आनंद लेने की भावना अगली पीढ़ी के लिए एक आदर्श प्लेटफार्म बनेगी।

3. आपके प्रोडक्ट्स और सर्विसेज में बहुत सारे विशिष्ट बिक्री बिंदु या (यू.एस.पी.) हो जाएंगे जिससे आपके ग्राहकों की संख्या बढ़ेगी, वो आपसे ही जुड़े रहेंगे, और आपके बिजनेस के आसपास विश्वास का वातावरण बन पाएगा। परिणामस्वरूप

प्राइस कम करने की चिक-चिक कम जो जाएगी और बिक्री की यह व्यवस्था नई पीढ़ी को आकर्षित करेगी।

4. सबसे महत्वपूर्ण बात, पारदर्शी तरीके से और प्रभावी एस.ओ.पी. के माध्यम से व्यापार करने से, आपकी टी.एम.टी. डीलरशिप स्केलेबल हो सकती है। ऐसी व्यवस्था विकसित कर लेने से आप अपनी गैरमौजूदगी में भी अपना कई आउटलेट खोल सकते हैं और उससे अपने बिजनेस को बढ़ा सकते हैं।

5. तो, आगे बढ़ें, और बदलते समय और रुझानों के साथ अपने आपको बदलें, बेहतर करें। अगली पीढ़ी आपसे जुड़ने का इंतजार कर रही है।

ब्रांड की सहायता से बिक्री बढ़ाना

सहायता देने, करने के लिए जरूरी अतिरिक्त प्रयास करना

कुछ साल पहले, हमारी मुलाकात एक ऐसे डीलर से हुई जो श्री राठी ग्रुप परिवार का हिस्सा नहीं था। हम लोग कुछ और बातें करते-करते बिजनेस की बात तक आ गए। जैसे-जैसे हमारी बातचीत का सिलसिला आगे बढ़ा, हमें पता चला कि वे प्रॉफिट में कमी की समस्या से जूझ रहे थे। हमें पता चला कि जिस ब्रांड का वे उपयोग कर रहे थे, उससे उन्हें सही सेकेंडरी सेल्स सपोर्ट और मार्गदर्शन नहीं मिल रहा था। जैसे ही हमने उन्हें अपने काम करने के तरीके और अपने डीलरशिप परिवार को मजबूती से समर्थन देने के बारे में बताया, उन्होंने हमारे परिवार का हिस्सा बनने की इच्छा व्यक्त की और फिर बड़े ही उत्साह और खुशी से, आवश्यक औपचारिकताओं के बाद, हमने अपने परिवार में उनका स्वागत किया।

प्रॉफिट काफी कम होने की उनकी चिंता के बारे में जानकर हमने इसका समाधान सुझाया कि, "अगर हम इनकी दुकान पर आने वाले ग्राहकों की संख्या बढ़ा देते हैं, तो प्रॉफिट मार्जिन कम होते हुए भी, उन्हें इस स्थिति से निकाला जा सकेगा। लेकिन ये सब कुछ इतना आसान नहीं था। उनके इलाके में कई डीलर थे, इसलिए चुनौती बड़ी थी। 4पी फ्रेमवर्क को लागू करते हुए, हमने उनसे प्रायोजक के रूप

में हमारे साथ कुछ कार्यक्रमों मंर भाग लेने के लिए कहा, और हमने उत्पाद और बिक्री प्रशिक्षण जैसे कई पहलुओं में उनको ट्रेनिंग दी, उनका मार्गदर्शन भी किया।

इसने अद्भुत काम किया; जल्द ही, लोगों ने ग्राहकों को उनके पास भेजना शुरू कर दिया और कहा, *"अरे दिनेश जी सरिया वाले से ले लो, अच्छे आदमी हैं"* (टी.एम.टी. बार एक्सपर्ट दिनेश जी से खरीदें, वे एक अच्छे व्यक्ति हैं)।

इस महत्वपूर्ण घटना के बाद बाजार के प्रति उनकी धारणा पूरी तरह से बदल गई। लोगों ने उन्हें टी.एम.टी. बार्स खरीदने के लिए आंख मूंदकर भरोसा करने लायक व्यक्ति के रूप में देखना शुरू कर दिया। यहाँ पर यह कहने की आवश्यकता नहीं है कि जैसे-जैसे उनका प्रॉफिट बढ़ा, उनकी चुनौतियाँ भी धीरे-धीरे खत्म होने लगीं।

यह 4पी फ्रेमवर्क के "प्रथम पी" का जादू है प्रॉफिटेबिलिटी या –लाभप्रदता!!!

1. एक डीलर के रूप में आपके लिए यह समीक्षा करना बहुत महत्वपूर्ण है कि आप जिस कंपनी का प्रतिनिधित्व करते हैं वह बिक्री और मार्केटिंग बढ़ाने में आपका पूरा सहयोग या समर्थन कर रही है या नहीं।

2. सोशल मीडिया के इस दौर में हर चीज ऑनलाइन बिक रही है। डीलर के लिए ऑनलाइन बेचना कोई आसान काम नहीं है। ऑनलाइन बिक्री के लिए बहुत सारी चीजों की आवश्यकता होती है जैसे:

   क. वेबसाइट,

   ख. लैंडिंग पृष्ठ,

ग. एस.ई.ओ.,

घ. लीड ट्रैकिंग,

ङ. लीड प्राप्त करने के लिए टेली कॉल करने वाले,

च. बिक्री स्टाफ को लीड्स से बात करनी होगी और उन्हें उनका ब्रांड खरीदने के लिए मनाना होगा,

छ. लीड के साथ नियमित रूप से आगे की कार्रवाई (फॉलो अप) और

ज. आर्डर्स की डिलीवरी करना

3. भले ही वह ऐसा करना चाहे, लेकिन डीलर के पास ऐसा करने के लिए समय और 'स्किल' नहीं है।

4. और अगर डीलर यह सब करने के लिए किसी डिजिटल मार्केटिंग कंपनी को काम पर रखता है, तो वह यह जाने बिना पैसा खर्च कर रहा है कि इससे उसे कोई लीड मिलेगी या नहीं।

यहां डीलर इस स्थिति से उबरने के लिए 4पी ग्रोथ फ्रेमवर्क के पहले 'पी: प्रॉफिटेबिलिटी' का उपयोग कर सकता है जैसा कि ऊपर साझा किए गए वास्तविक जीवन के उदाहरण में दिखाया गया है।

1. विनिर्माताओं से सेकेंडरी सेल सपोर्ट, स्टील बार डीलरों को अपना व्यवसाय बढ़ाने में मदद कर सकता है। यह अधिक ग्राहकों को आकर्षित करने और बिक्री बढ़ाने के लिए कॉम्पिटिटिव प्राइसिंग, प्रोडक्ट ट्रेनिंग, तकनीकी सहायता और मार्केटिंग मैटेरियल्स प्रदान करता है।

2. आज के सोशल मीडिया प्लेटफॉर्म, व्हाट्सएप मार्केटिंग और वेबसाइटों के माध्यम से डिजिटल मार्केटिंग के युग में, टी.एम.टी. बार खोजने वाले लोगों की संख्या रोज बढ़ रही है। अपने क्षेत्र में संभावित खरीदारों से जुड़ना व्यवसाय बढ़ाने का अचूक तरीका है। यहां ये सब आपको कंपनी की ओर से मिलने वाले समर्थन पर निर्भर करता है।

3. वफादारी पैदा करने के लिए प्रभावशाली लोगों (इन्फ्लुएंसरों) का उपयोग करने की गतिविधियों में शामिल होना महत्वपूर्ण है। बिजनेस जब प्रभावशाली लोगों (इन्फ्लुएंसरों) के साथ मिलकर काम करते हैं, तो वे संभावित खरीदारों तक ज्यादा से ज्यादा पहुंच सकते हैं, उनके बीच विश्वास पैदा कर सकते हैं, वफादारी बढ़ा सकते हैं और इससे अंतत: रिपीट कस्टमर्स की संख्या में वृद्धि हो सकती है। यदि आपकी कंपनी इन सभी गतिविधियों में आपका समर्थन करने पर ध्यान दे रही है, तो आपके लिए उनसे लाभ उठाना आसान होगा।

डीलर का कोई अनोखा
बिक्री बिंदु (यू.एस.पी.) नहीं

हम अपने 'डीलर्स मीट' में, अपने डीलरों के साथ बातचीत करने और व्यक्तिगत रूप से उनके व्यवसाय की समीक्षा करने का अभ्यास करते हैं। ऐसी ही एक मुलाकात के दौरान, दिल्ली स्थित एक डीलर से बातचीत के दौरान हमें पता चला कि उसका टी.एम.टी. कारोबार हर दिन नीचे जा रहा है। वे खुद को पास के डीलर के साथ भी कीमत में बराबरी करने में असमर्थ महसूस कर रहे थे। हालात इतने खराब हो गए थे कि उनके वर्षों पुराने ग्राहक भी उनसे दूर होते जा रहे थे। उन्होंने अपने ग्राहकों को समझाने की कोशिश की, लेकिन ऊंची कीमतों के कारण वे प्रतिस्पर्धा करने और व्यवसाय हासिल करने में असमर्थ रहे।

हमने उनकी समस्या को ध्यानपूर्वक सुना और उसका समाधान निकालने का उस सज्जन को आश्वासन दिया और तुरंत ही इस पर कार्रवाई शुरू कर दी। हमने उनकी समस्या को समझने के लिए एक बुजुर्ग व्यक्ति को उनके और उनके प्रतिस्पर्धी की दुकान पर भेजा। हम उनकी समस्या की जड़ तक पहुँचना चाहते थे।

उस बुजुर्ग व्यक्ति ने जो हमें अपनी समस्या बताई उसे जानकार हम चौंक गये। उनका प्रतिस्पर्धी बंडल के वजन में हेराफेरी कर रहा

था। वह उसी उत्पाद को एक कंपनी से खरीद रहा था जो कम वजन का बंडल बना रही थी और उसके वजन पैमाने में हेरफेर करके ग्राहकों को अधिक वजन पर बेच रही थी। चूंकि माल पाने के समय ग्राहकों के पास बंडल का वजन जांचने की अपनी कोई व्यवस्था नहीं थी, इसलिए वह उन्हें धोखा देकर लाभ कमा रहा था।

हमने तुरंत अपने डीलर को सलाह दी कि वह अपने ग्राहकों को वजन के हिसाब से नहीं बल्कि ठीक 12 मीटर के टुकड़ों में बिक्री शुरू करे।

ग्राहक के लिए वजन की तुलना में टी.एम.टी. बार की गिनती करना आसान है। उन्होंने ग्राहकों को यह भी बताया कि दूसरा डीलर किस तरह वजन के साथ छेड़छाड़ और उनके साथ धोखाधड़ी कर रहा है।

हमारे डीलर ने अपनी दुकान से वजन मापने की मशीन तक भी हटा दी।

उनके इस प्रयास से ग्राहकों का विश्वास और बढ़ गया।

उन्होंने प्रति नग के हिसाब से बिक्री को ही अपनी यू.एस.पी. बना लिया।

एक महीने की कड़ी मेहनत और ग्राहकों को शिक्षित करने के बाद, वे अपने सभी पुराने ग्राहकों को वापस पाने में सक्षम हो गए। और यह चमत्कार इसलिए हुआ क्योंकि वे अपने ग्राहकों की एक प्रमुख समस्या को सफलतापूर्वक दूर करने में सक्षम हुए, यानी, 'वही देना जिसके लिए वे भुगतान कर रहे हैं।'

यह 4पी फ्रेमवर्क के 'चौथे पी' का जादू है-
प्रेफर्ड पार्टनर या पसंदीदा भागीदार!!!

परंपरागत रूप से, चूंकि किसी डीलर के पास कंपनी से कोई यू.एस.पी. या सर्वोत्तम-सुनिश्चित कीमत नहीं होती है, इसलिए वह या तो ग्राहक के लिए अपनी उधार की अवधि बढ़ा देता है या अपना मार्जिन कम कर देता है और अपने नियमित ग्राहकों को बनाए रखने के लिए इसे अपनी यू.एस.पी. के रूप में उपयोग करता है क्योंकि उसे हमेशा इस बात का डर बना रहता है कि कहीं उसके हाथ से ग्राहक चले ना जाएं, उन्हें कहीं यहाँ से सस्ते दरों में सामान ना मिल जाय।

इसके अलावा, वह डीलर अपने प्राइस को लेकर भी आश्वस्त नहीं है कि यह सबसे सही है, और इससे कम में वही प्रोडक्ट कोई अन्य डीलर नहीं बेच सकता है। और ऐसा इसलिए होता है क्योंकि चाहे वह जिस कीमत पर अपना प्रोडक्ट खरीदे, उसे लगता है कि इससे भी कम कीमत पर यह उपलब्ध हो सकता है। तो स्वाभाविक रूप से उसके पास वजन में हेराफेरी करना, कम वजन के सामान को सही वजन का बता के बेचना, फर्जी नामों से बिल लेना, जीएसटी में हेराफेरी आदि ही विकल्प बचते हैं।

ये सब काम कोई भी अपनी इच्छा से नहीं करता- आदमी खराब नहीं होता हालात खराब होते हैं।

कोई भी व्यक्ति गलत नहीं है; परिस्थितियाँ ही हैं जो उन्हें मजबूर करती हैं।

- इन अनैतिक तरीकों का नतीजा यह होता है कि ऐसा करने वाला व्यक्ति बाजार में तो अपनी प्रतिष्ठा गँवाता है ही, साथ ही वो खुद की नजरों में भी गिर जाता है। उसके पास आत्म-सम्मान नाम की कोई चीज नहीं रह जाती।

- इसके अतिरिक्त, व्यक्ति अपने पेशे पर संदेह करना और सवाल उठाना शुरू कर देता है। उसके अंदर हीन भावनाएँ आने लगती हैं। वह सोचने लगता है, "क्या प्रॉफिट कमाने के लिए इस बिजनेस में इतना गिरना पड़ेगा? क्या यही एक मात्र रास्ता है? इस तरह की मानसिकता उसे काम से दूर करने लगती है। अब पूरी लगन, निष्ठा और ईमानदारी से काम करना उसके बस की बात नहीं रह जाती।

इन डरावनी स्थितियों से उबरने के लिए एक डीलर के तौर पर आपको 4पी ग्रोथ फ्रेमवर्क के चौथे 'पी: प्रेफर्ड पार्टनर या पसंदीदा भागीदार' का प्रयोग करना होगा।

1. ग्राहकों को आकर्षित करने के लिए, डीलर के पास अपने प्रोडक्ट या उसके प्राइस से संबंधित एक यू.एस.पी. होनी चाहिए।

2. यदि आप भी वही उत्पाद बेच रहे हैं और उपलब्ध करा रहे हैं, जो आसानी से और व्यापक रूप से उपलब्ध है, तो ग्राहक हमेशा आपके पास मोलभाव करने या फिर उधार मांगने आएगा।

3. एक ऐसा ही यू.एस.पी. टी.एम.टी. बार को वजन के हिसाब से नहीं, बल्कि टुकड़े (नग) के हिसाब से उपलब्ध कराना हो सकता है। इससे आपको ग्राहक की नजरों में विश्वास और प्रतिष्ठा बनाने में मदद मिलेगी, क्योंकि आपकी इस पहल से ग्राहक 100% आश्वस्त हो सकता है कि वह जिसके लिए भुगतान कर रहा है, उसे बिल्कुल वही मिल रहा है, बिना किसी गड़बड़ी या हेराफेरी के।

4. एक अन्य खासियत या यू.एस.पी. ग्राहक को बिल्कुल सही रेट में प्रोडक्ट उपलब्ध कराना हो सकता है। यकीन मानिए, अगर आप ऐसा कर लेते हैं तो आप निश्चय ही, प्रत्येक ऑर्डर पर

ग्राहकों की किच-किच के कारण व्यर्थ हो रहे समय को बचा पाएंगे। याद रहे, आपके प्रोडक्ट की प्राइस ऐसी होनी चाहिए कि ग्राहक को दुबारा सोचना न पड़े, उसे 100% यकीन हो कि उसे हर बार सबसे अच्छी कीमत मिल रही है।

5. शिक्षाप्रद कार्यक्रमों के माध्यम से ग्राहकों या प्रभावशाली व्यक्तियों के बीच जागरूकता पैदा करना, अपने सेल्स स्टाफ को अपने संभावित ग्राहकों के बीच भेजना, उन्हें अपने नए-नए प्रोडक्ट्स दिखाना, उन प्रोडक्ट्स की खूबियों को बताना, आदि भी किसी डीलर की यू.एस.पी. या बिक्री खूबियों में शामिल हो सकता है। इन कदमों से निश्चित रूप से ग्राहक वफादारी बढ़ेगी और बार-बार खरीदारी करने वाले लोगों की संख्या में बढ़ोत्तरी होगी।

डीलर की कमाई या तो गलत काम करके आती है या तेजी-मंदी से

यह बिजनेस है सट्टेबाजी नहीं!

गुड़गांव के सबसे बड़े टी.एम.टी. डीलरों में से एक के साथ हमारी बातचीत के दौरान, मैंने उनसे पूछा कि वे इतना तनावग्रस्त और उदास क्यों दिख रहे हैं। जब उन्होंने उसका कारण कहा, उसे जानकर हम पूरी तरह से हैरान रह गए।

उन्होंने कहा कि पिछले 1 महीने में उन्हें अपनी डीलरशिप में 25 लाख का घाटा हुआ है।

हम जानते थे कि उनकी मासिक बिक्री 1,000 मिलियन टन प्रति माह थी, यानी कि 12,000 मिलियन टन प्रति वर्ष। डीलरों के लिए प्रति टन सामान्य लाभ मार्जिन 500 रुपये है। अगर इतना भी मान कर चलें तो उन्हें प्रति वर्ष 60 लाख की कमाई होनी चाहिए थी। लेकिन वो जैसा बता रहे थे, उन्हें 5 लाख महीने की कमाई की जगह 25 लाख का घाटा हो रहा था।

हमने उनसे पूछा कि ये कैसे हुआ? हालाँकि वे इसकी वजह हमें बताने के लिए तुरंत तैयार नहीं हुए, लेकिन जब हमने उन्हें अपनेपन

का एहसास दिलाया, उन्हें सहज किया, तब जाके उन्होंने हमें बताया कि वे 500 के बजाय 200 के मार्जिन पे अपने प्रोडक्ट्स बेच रहे थे। इसकी कुल कीमत 24 लाख बैठती है जो कि वास्तव में एक बड़ा नुकसान था क्योंकि उनकी लागत और 'कैपिटल कॉस्ट' इससे काफी अधिक थी।

इसलिए, अपना लाभ बढ़ाने के लिए, उन्होंने तेजी-मंदी, सट्टा-करना शुरू कर दिया, जिसका अर्थ है कि उन्होंने मुनाफा कमाने के लिए कम दरों पर खरीदकर और उच्च दरों पर बेचकर बाजार को बांधने की कोशिश की। जब टी.एम.टी. की दरें बढ़ीं तो रिटर्न वास्तव में अधिक था और उन्होंने अपने स्टॉक पर बंपर मुनाफा कमाया।

यह तरीका 3-4 बार तक अच्छा काम करता रहा और उन्होंने 4 लेन देन में संयुक्त रूप से 7.5 लाख अतिरिक्त कमाए लेकिन फिर आपदा आ गई। जब उन्होंने अपनी आवश्यकता से अधिक मात्रा में खरीदारी की, यह सोचकर कि दरें बढ़ जाएंगी, इसके बजाय, सरकारी नीतियों में बदलाव के कारण बाजार में बहुत तेज गिरावट आई और रातों रात उन्हें 25 लाख का नुकसान हुआ। यह रकम उनके पूरे साल के मुनाफे के बराबर थी।

हमने उन्हें समझाया कि यदि हमें बाजार को अपने ढंग से चलाने की क्षमता होती तो हम भगवान होते। कोई भी कभी भी निचले दाम पर खरीद कर ऊंचे दाम पर नहीं बेच सकता।

हम कारोबार कर रहे हैं, सट्टा बाजारी नहीं।

यह प्रकृति का नियम है कि कीमतें बढ़ने से ज्यादा घटती हैं।

हमने उन्हें समझाया कि हालांकि सट्टेबाजी शुरू में सुहावना लग सकती है, लेकिन इसे डरावना बनने में भी समय नहीं लगता। एक

डीलर के लिए सबसे बड़ी गलती होती है अपने सेल्स और प्रॉफिट पर ध्यान न देना।

इसलिए ऐसे ब्रांड से जुड़ें जो आपको लाभ और मानसिक शांति दोनों दे सके। विशिष्टता, क्षेत्र एकाधिकार, सर्वोत्तम मूल्य की गारंटी, कंपनी द्वारा मार्केटिंग और बिक्री में सहयोग और समर्थन से आपको जबरदस्त लाभ मिलेगा।

इन सभी गतिविधियों से आपका मुनाफा बढ़ेगा और आप चैन की नींद सो सकेंगे।

यह 4पी फ्रेमवव के 'दूसरे पी' पीस ऑफ माइन्ड या मन की शांति का जादू है!!!

1. चूंकि टी.एम.टी. एक कमोडिटी है, इसिलए इसकी कीमतों में दिन में कई बार उतार-चढ़ाव होता है, और जो डीलर 4पी फ्रेमवर्क की शक्ति को नहीं समझता है और उसका उपयोग नहीं करता है, वह उस कीमत पर अधिक मात्रा खरीदने की कोशिश करेगा जो उसे सबसे अच्छी कीमत लगती है। वह बाजार को बांधने की कोशिश करेगा, जो कि बिल्कुल असंभव है। ऐसे और भी उदाहरण हैं जहाँ डीलर बहुत अधिक संख्या में माल खरीद लेते हैं क्योंकि वे इसकी कीमत बढ़ने को लेकर आश्वस्त होते हैं। लेकिन होता है ठीक इसके उलट। और परिणामस्वरूप उनको इस सट्टेबाजी आकलन की भारी कीमत चुकानी पड़ती है।

2. बिजनेस ऐसा होना चाहिए जिसमें आप बिना तेजी-मंदी के जोखिम के आराम से कमाई कर सकें।

3. सच्ची खुशी और समृद्धि तब होती है जब आप इस बारे में आश्वस्त होते हैं कि बिक्री की एक्स राशि मुनाफे की एक्स राशि के बराबर होगी और आप उस संख्या तक पहुंचने और उससे अधिक करने के लिए आश्वस्त और प्रेरित महसूस करते हैं। *मजा तो तब है जब आपको पता है कि आपको हर एमटी बेचने पर "राशि की कमाई होगी ही होगी।"* इस डील में किसी भी तरह के नुकसान का खतरा नहीं है।

डीलर को इस स्थिति पर काबू पाने के लिए 4पी ग्रोथ फ्रेमवर्क के दूसरे 'पी: पीस या 'मन की शांति' का उपयोग करना चाहिए जब:

1. कठिन बाजार स्थितियों और गैर-एकाधिकारवादी बाजार के कारण, डीलर सामान्य तरीकों से अपने निवेश पर उन्नत रिटर्न पाने में सक्षम नहीं होता है।

2. डीलर की कमाई या तो गलत काम करके आती है या उन्हें सट्टेबाजी का सहारा लेने के लिए मजबूर करती है जैसे कि अगर उन्हें पता चलता है कि मंडी (बाजार) नीचे जा रही है तो वे खरीदारी के सेल को आखिरी मिनट तक के लिए स्थगित कर देते हैं। लेकिन उन्हें इस बात का एहसास नहीं होता है कि, कई बार, उन्होंने अपनी दुकान में मौजूद माल से अधिक माल बेच दिया है और फिर उसकी खरीद को लेकर परेशान हो जाते हैं।

3. ऐसे में रेट में बहुत ज्यादा उतार-चढ़ाव के कारण उन्हें कई बार रोजाना ही पैसों का नुकसान भी हो जाता है।

4. यह समझना महत्वपूर्ण है कि व्यवसाय में लाभ पर चक्रवृद्धि प्रभाव पड़ता है यानी नियमित मुनाफा कमाने से कुल राशि बढ़ने में मदद मिलती है। यदि व्यवसाय हर लेनदेन पर लाभदायक

है, तो कंपाउंडिंग का प्रभाव इतना बड़ा होगा कि डीलरों की अगली पीढ़ी को वर्तमान व्यवसाय में कम या कोई लाभ नहीं होने के कारण काम के लिए कोई नया रास्ता नहीं तलाशना पड़ेगा।

5. इससे यह भी सुनिश्चित होता है कि बच्चों की शिक्षा, शादी और अपनी सेवानिवृत्ति की योजना जैसे सभी लक्ष्य बिना किसी अनिश्चितता के पूरे हो जाएं।

6. चूंकि डीलर द्वारा बेचा जा रहा उत्पाद आसानी से और व्यापक रूप से उपलब्ध है, इसलिए प्रोडक्ट की कीमत पर उसका कोई नियंत्रण नहीं होता है।

7. उन्हें यह भी पता नहीं है कि क्या ग्राहक को उसी ब्रांड का माल उनसे सस्ती दरों पर मिल सकता है या नहीं, क्योंकि इस क्षेत्र में उनका एकाधिकार नहीं है।

8. कुछ मामलों में, कुछ ब्रांड बाजार में लगभग सभी डीलरों के पास उपलब्ध होते हैं, और इस प्रकार, प्रतिस्पर्धा बहुत ही अधिक होती है। यह स्थिति डीलरों को अनैतिक आचरण करने और हेरफेर में शामिल होने के लिए मजबूर करती है, क्योंकि यह पैसा कमाने का एकमात्र जरिया बन जाता है।

9. व्यवसाय में हानि होने के डर के साथ-साथ हेराफेरी करने के इस व्यवहार से बाजार की स्थिति ऐसी बन जाती है कि कोई भी डीलर वैध व्यावसायिक प्रथाओं के माध्यम से पैसा नहीं कमा सकता है।

10. इसलिए, ऐसे सभी डीलर इनके नकारात्मक परिणामों को समझे बिना ऐसे काम कर रहे हैं जो अवैध है, गैर कानूनी है।

11. किसी ऐसे ब्रांड के साथ जुड़ें जो आपका सहयोग और समर्थन कर सके, और आपको प्राइस वार में डालने के बजाय आपके यू.एस.पी. को मार्केट में सुंदर तरीके से प्रस्तुत करे, ताकि प्रत्येक लेनदेन पर आपका लाभ मार्जिन अच्छा रहे और आप यह जानकर चैन की नींद सो सकें कि आप एक बिजनेस के मालिक हैं, न कि कोई सट्टेबाज!

क्या किसी डीलर को केवल कंपनी के संयंत्रों, फ्रेंचाइजी पर भरोसा करना चाहिए या कॉन्ट्रैक्ट मैन्यूफैक्चरर्स द्वारा विनिर्मित माल बेचना चाहिए?

एक बार धोखा खाने वाला- हमेशा के लिए सावधान हो जाता है- केवल कंपनी के संयंत्रों पर ही भरोसा करें।

हाल ही में हम अपने एक बहुत पुराने डिस्ट्रीब्यूटर से मिले। उन्होंने हमें अपना अनुभव कुछ इस प्रकार बताया:

"मैंने हाल ही में ग्रेटर नोएडा में एक ग्राहक को एक ब्रांड के माल की आपूर्ति की, जिसे ब्रांड की एक फ्रेंचाइजी इकाई द्वारा बनाया जा रहा था। ग्राहक एक रिटायर्ड आर्मी मेजर था, और वह इस माल का उपयोग अपना घर बनाने के लिए कर रहा था। जब उन्होंने सामान की जांच कराई तो वह बी.आई.एस. स्टैंडर्ड के अनुरूप नहीं था। जब उन्होंने बाजार से उस विशेष ब्रांड के बारे में पूछताछ की तो उन्हें बताया गया कि यह ब्रांड केवल घटिया माल बनाता है। ये सब जानकार वे आग बबूला हो गये। वे गुस्से से लाल मेरे ऑफिस आए और मुझसे ऐसे ब्रांड का प्रोडक्ट रखने का कारण पूछा। उन्होंने मुझे धोखेबाज,

जालसाज और ना जाने क्या-क्या कह दिया। मैं अपने बचाव में कुछ नहीं कह पा रहा था।

तब से, मैं केवल कंपनी के स्वामित्व वाले संयंत्रों में विनिर्मित होने वाले ब्रांडों के साथ ही काम करता हूं। ऐसा करने से कम से कम, इस बात की तसल्ली तो होती है कि चूंकि वे अपने ब्रांड का माल खुद बना रहे हैं, इसलिए वे क्वालिटी का ध्यान रखते ही होंगे। और सबसे अच्छी बात यह है कि वे अपने प्रोडक्ट्स की गारंटी भी देते हैं।"

यह 4पी फ्रेमवर्क के 'दूसरे पी' का जादू है– पीस ऑफ माइन्ड या मन की शांति!!!

आजकल, कई कंपनियों में, एक ही संयंत्र से प्रोडक्ट को तैयार किया जाता है और फिर अलग अलग ब्रांडों की लेबलिंग करके उसे अलग-अलग दरों पर बेच दिया जाता है।

'कुछ ब्रांड के डीलर कंपनी के संयंत्रों में बन रहे प्रोडक्ट्स बेचते हैं, वहीं कुछ डीलर फ्रैंचाइजी द्वारा तैयार किया गया माल बेचते हैं तो कुछ डीलर कॉन्ट्रैक्ट मैन्युफैक्चरर्स द्वारा तैयार किए गए प्रोडक्ट्स बेचते हैं।'

पिछले 6 महीनों में कई डीलरों के साथ हुई हमारी बैठकों के दौरान, हमें जानकारी मिली है कि–

1. अक्सर, फ्रैंचाइजी इकाइयां प्रोडक्ट्स की क्वालिटी को लेकर बिल्कुल गंभीर नहीं होतीं। उन्हें पता होता है कि वे जो प्रोडक्ट्स बना रहे हैं उसकी क्वालिटी और वजन में खोट है, लेकिन फिर भी वी इससे आँख मूंद लेते हैं। चूंकि वे अपनी शर्तों पर अपना माल बेच रहे होते हैं और ब्रांड ओनर को

रायल्टी इनकम दे रहे होते हैं, इसलिए उन्हें सिर्फ तत्काल मिलने वाले लाभ की चिंता होती है, उस ब्रांड के भविष्य की नहीं।

ये लोग केवल तब तक ही उस ब्रांड के लिए प्रोडक्ट्स बनाते हैं जब तक कि वे उनके व्यावसायिक हितों के अनुकूल होते हैं। जैसे ही उन्हें लगने लगता है कि अब उनकी दाल नहीं गलने वाली, तो फिर वे तुरंत ही उसका प्रोडक्शन बंद कर देते हैं। या, जैसे ही कोई अन्य ब्रांड बेहतर मार्जिन और शर्तों पे माल लेने के लिए तैयार हो जाता है, तो वे फौरन मौजूदा ब्रांड की सप्लाई रोककर इसी प्रोडक्ट को सप्लाई करना शुरू कर देते हैं।

2. कम वजन वाले प्रोडक्ट्स रिटेलर्स के मार्जिन को बेहतर करते हैं, लेकिन यह ग्राहक के जीवन के लिए खतरनाक साबित हो सकता है।

3. आर्किटेक्ट/स्ट्रक्चरल इंजीनियर आदि आई.एस. मानदंडों के अनुसार घर या भवन को डिजाइन करते हैं। लेकिन सिर्फ डिजाइन में ऊंचे मानदंडों का पालन ही पर्याप्त नहीं होता है। यदि बिल्डिंग बनाने में जिस माल का उपयोग किया जाता है, वही घटिया हो, तो यह पूरे स्ट्रक्चर के अस्तित्व के लिए खतरा पैदा कर सकता है और उसमें रहने वालों के जीवन के लिए घातक सिद्ध हो सकता है, संपत्ति का नुकसान हो सकता है। लेकिन कई बार रिटेलर अपने क्षणिक लाभ के लिए संपत्ति, शरीर और जान के खतरे को नजरअंदाज कर देते हैं। कितना बड़ा अपराध है ये! कितनी गलत बात है!!!

4. वे 1–2% अधिक कमाने के लिए लोगों की जान से खेलने को तैयार हो गए- निश्चय ही चौंकाने वाला सत्य!!!

5. यदि डीलर द्वारा उपलब्ध कराया गया प्रोडक्ट स्तरहीन या घटिया निकलता है, साइट पर नहीं चलता तो उससे उसकी प्रतिष्ठा और साख गिरती है। आखिरकार डीलर ही ग्राहक के लिए संपर्क का पहला बिंदु होता है। उन्हें ही ग्राहकों का सामना करना पड़ता और उनकी शिकायत सुननी पड़ती है।

इस स्थिति से उबरने के लिए डीलर को 4पी ग्रोथ फ्रेमवर्क के दूसरे 'पी: पीस ऑफ माइन्ड या 'मन की शांति' का उपयोग करना चाहिए।

1. केवल कंपनी के स्वामित्व वाले ब्रांडों के साथ ही डील करनी चाहिए।

2. या फिर, उन कंपनियों के साथ काम करना चाहिए जिनका टाटा स्टील की तरह प्लांट में प्रोडक्शन ऑडिट करने वाली क्वालिटी कंट्रोल टीम के माध्यम से, कॉन्ट्रैक्ट मैन्युफैक्चरर्स की क्वालिटी पर 100% नियंत्रण हो।

3. क्वालिटी को लेकर चिंतित और गंभीर रहने वाली कंपनी के साथ डील करके आपको मानसिक शांति मिलेगी। आप इस चीज को लेकर निश्चिंत रहेंगे कि आपको दिए गए प्रोडक्ट्स में किसी तरह का खोट नहीं है और क्वालिटी को लेकर गारंटी है।

4. यहां पर सबसे महत्वपूर्ण बात यह है कि मैन्यूफैक्चरर्स और बाकी लोग तो निकल लेते हैं, लेकिन फँसता है बेचारा डीलर क्योंकि ग्राहकों से उसे ही डील करना पड़ता है, उसे ही नाराजगी झेलनी पड़ती है।

शिकायतों का तेजी से समाधान

हमने हाल ही में अपने एक डिस्ट्रीब्यूटर से बातचीत की जो बड़े रियल एस्टेट और कॉर्पोरेट ग्राहकों के साथ काम करते हैं। उन्होंने हमें बताया कि वह हमारी कंपनी को 500 रुपये पीएमटी का प्रीमियम देने के लिए खुशी-खुशी तैयार हैं। यहाँ पर जानने योग्य महत्वपूर्ण बात यह है कि वे हमें अन्य विनिर्माताओं की तुलना में 300-400 रुपये अधिक दे रहे थे क्योंकि हमारे यहां ग्राहकों की शिकायतों के तत्काल समाधान की व्यवस्था थी और साथ ही प्रोडक्ट की क्वालिटी की गारंटी भी थी।

वह पिछले 20 वर्षों से हमारे ब्रांड के साथ काम कर रहे हैं, लेकिन पिछले 10 वर्षों से वह केवल कंज्यूमर सेगमेंट में हमारे साथ काम कर रहे हैं।

उनका मानना है कि किसी कंपनी का कुशल और तेज शिकायत समाधान सिस्टम अपने ग्राहकों का विश्वास हासिल करने के लिए बहुत ही महत्वपूर्ण होता है।

अन्य उत्पादों की तरह टी.एम.टी. बार में भी खामियाँ हो सकती हैं, लेकिन महत्वपूर्ण बात यह है कि किस तरह से कंपनी ग्राहकों की शिकायत सुनती है और उनका समाधान करती है। कुछ कंपनियाँ ऐसी हैं जो क्वालिटी संबंधी शिकायतों की परवाह नहीं करतीं या तब तक

उनके कॉल को 'पिक' नहीं करतीं या ग्राहक को हो रही परेशानी को समझने के लिए उनके यहाँ अपने किसी कर्मचारी को नहीं भेजती, जब तक कि क्लाइंट सब कुछ छोड़ के उनके पीछे ना लगे, उनका सामान वापस ना कर दे, उनके ब्रांड को ब्लैकलिस्ट होने का खतरा ना आ जाय।

वे बता रहे थे कि कैसे पिछले कई वर्षों से उनके द्वारा भेजे गए माल में क्वालिटी संबंधी दिक्कतों के कारण उनके लाखों रुपये इन बड़े रियल एस्टेट और कॉर्पोरेट ग्राहकों के पास फंसे हुए थे। चूँकि जिस टी.एम.टी. बार निर्माता के साथ वे पहले काम कर रहे थे, उसने ऐसी शिकायतों को कोई महत्व नहीं दिया, इसलिए उन्हें गंभीर आर्थिक नुकसान उठाना पड़ा।

मैन्युफैक्चरर को उन्होंने पहले ही पैसे का भुगतान कर दिया था, लेकिन क्वालिटी में कमी के कारण ग्राहक ने उन्हें पूरे पैसे नहीं दिए।

बेशक, कभी-कभी ऐसा हो जाता है जब टी.एम.टी. बार में गुणवत्ता संबंधी समस्याएं होती हैं, या अंतिम उपभोक्ता को कोई समस्या होती है, जिस पर तुरंत ध्यान देने की आवश्यकता होती है।

लेकिन कुछ कंपनियां ऐसी भी हैं जो क्वालिटी संबंधी कोई भी समस्या आने पर उसे सुलझाने के प्रति सचेत नहीं होती, जिसके परिणामस्वरूप निम्नलिखित (विपरीत) परिस्थितियाँ पैदा हो जाती हैं–

- आर्किटेक्ट्स, बिल्डर्स और अंतिम उपभोक्ताओं के बीच नेगेटिव मार्केटिंग।

- क्या कोई ऐसे ब्रांडेड प्रोडक्ट का उपयोग करना चाहेगा जहां आपकी शिकायतें अनसुनी कर दी जाती हों? *क्या कोई भी ऐसा ब्रांडेड प्रोडक्ट उपयोग करना चाहेगा जिसकी क्वालिटी संबंधी शिकायत की कोई सुनवाई नहीं होती है?*

- परिणामस्वरूप, वे उस ब्रांड का उपयोग करना बंद कर देंगे और फिर उस ब्रांड की ओर रुख करेंगे जो उनकी शिकायत को समझता है, उसका समाधान निकालने के प्रति गंभीर है- *जहां परेशानियों की सुनवाई हो। कंप्लेंट्स की सुनवाई ज्यादातर उन ब्रांड्स में होती है जो कंपनी ओन्ड, कंपनी मैन्युफैक्चर्ड होते हैं।* वहाँ पर आम तौर पर शिकायतों का तुरंत समाधान किया जाता है।

- जो कंपनी अपने ब्रांड के नाम से प्रोडक्ट बेचती है, वह अपने माल की क्वालिटी एवं इससे जुड़ी ग्राहकों की परेशानियों के प्रति हमेशा सतर्क और चिंतित रहेगी, क्योंकि वह कंपनी इस बात को समझती है कि वह बाजार में तभी टिक पाएगी और अच्छा मुनाफा कमा पाएगी जब वो ग्राहकों की पसंद बनेगी। जब लोग उसका ही प्रोडक्ट्स लेना चाहेंगे। उनके प्रोडक्ट्स के लिए पुल डिमांड (पुल डिमांड से तात्पर्य बाजार में उस स्थिति से है जहां ग्राहक किसी उत्पाद या सेवा की तलाश और मांग खुद ही करते हैं। दूसरे शब्दों में, यह तब होता है जब किसी विशेष उत्पाद के लिए उपभोक्ता की वास्तविक रुचि और इच्छा होती है, जिससे उस उत्पाद के लिए मांग में वृद्धि होती है। शब्द 'पुल' इस बात पर जोर देता है कि उत्पाद की मांग कंपनी या विक्रेता द्वारा उत्पाद को बाजार में धकेलने के बजाय ग्राहकों की जरूरतों और प्राथमिकताओं से प्रेरित होती है। यह दृष्टिकोण अक्सर ग्राहक-केंद्रित रणनीतियों और ऐसे सफल विपणन प्रयासों से जुड़ा होता है जो किसी उत्पाद के लिए मजबूत मांग पैदा करते हैं।) होनी चाहिए न कि पुश डिमांड। वह कम्पनी इस बात को अच्छी तरह से समझती है कि उसका भविष्य उसके वर्तमान पर निर्भर है।

यहां, डीलर को इस स्थिति से उबरने के लिए 4पी ग्रोथ फ्रेमवर्क के दूसरे 'पी: 'पीस' या 'मन की शांति' का प्रयोग करना चाहिए।

1. जिस कंपनी के साथ आप काम कर रहे हैं उसे अपने सभी प्रोडक्ट्स की गारंटी देनी चाहिए, चाहे आप कोई भी ग्रेड खरीदें।

2. कंपनी के क्वालिटी कंट्रोलर को शिकायत प्राप्त होने के 2 घंटे के भीतर शिकायत करने वाले ग्राहक से बात करनी चाहिए।

3. यदि ग्राहक मिलने की मांग करता है, तो क्वालिटी कंट्रोलर को शिकायत दर्ज करने के 48 घंटों के भीतर ग्राहक से मिलना चाहिए।

4. विजिट के दौरान क्वालिटी कंट्रोलर को ग्राहक को समझाने और शिकायत का समाधान करने का प्रयास करना चाहिए।

5. यदि शिकायत का समाधान नहीं होता है, तो प्रोडक्ट को मुफ्त में बदला जाना चाहिए।

आपकी नई यात्रा से
पहले एक त्वरित समीक्षा

अब हमें यकीन है कि आपको 4पी ग्रोथ फ्रेमवर्क की विस्तृत समझ आ चुकी है। साथ ही आप ये भी जान चुके हैं कि इसका उपयोग कर टी.एम.टी. बार डीलरशिप में आने वाली विषम, विपरीत और डरावनी परिस्थितियों से कैसे बच सकते हैं।

यहाँ इस पुस्तक में वर्णित फ्रेमवर्क को संक्षेप में फिर से दोहराया गया है ताकि आप कोई किसी चुनौती पैदा होने पर, या विकास का मार्ग अवरुद्ध होने पर उसका तुरंत उपयोग कर सकें।

1. लाभप्रदता

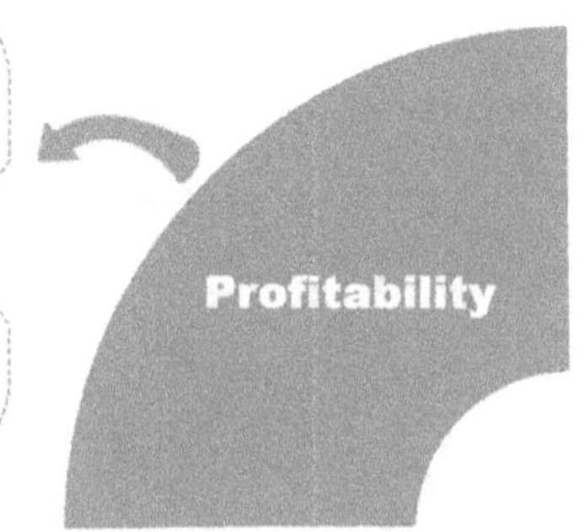

क. बिना कोई समय गँवाए अधिक रिपीट ऑर्डर्स

ख. मैन्युफैक्चरर के सेल्स सपोर्ट का भरपूर लाभ उठाना

ग. मजबूत लीड मैनेजमेंट और कलेक्शन सिस्टम बनाना

घ. लीड बढ़ाने के लिए डिजिटल मार्केटिंग का उपयोग करना

ङ. ग्राहकों की वफादारी पैदा करने के लिए प्रभावशाली लोगों (इन्फ्लुएंसरों) का उपयोग करने की गतिविधियों में शामिल होना

2. मन की शांति

क. डीलरों और लीडरों की नई पीढ़ी को इस व्यवसाय में लाना

ख. ट्रांसपैरेंट प्राइसिंग पॉलिसी से ग्राहकों का विश्वास जीतना

ग. नए और मौजूदा ग्राहकों के बीच विश्वास और भरोसा पैदा करना

घ. बिजनेस बढ़ाने के लिए निष्पक्ष और ट्रांसपैरेंट बिजनेस प्रैक्टिसेज को अपनाना

ङ. लाभ कमाने के लिए डीलरों द्वारा किए जाने वाले अनैतिक आचरणों का उन्मूलन

3. उत्पादकता

क. विश्वास और भरोसे के उच्च स्तर के कारण तेज ग्राहक रूपांतरण दर (customer conversion rate)

ख. क्रॉस-सेलिंग तकनीकों का उपयोग करके ग्राहक के वॉलेट शेयर में वृद्धि

ग. टी.एम.टी. बार की खरीद पर लगने वाले समय में कमी

घ. ग्राहक द्वारा प्राइस कम करने की किच-किच और आपत्तियों का अंत

4. पसंदीदा भागीदार (प्रेफर्ड पार्टनर)

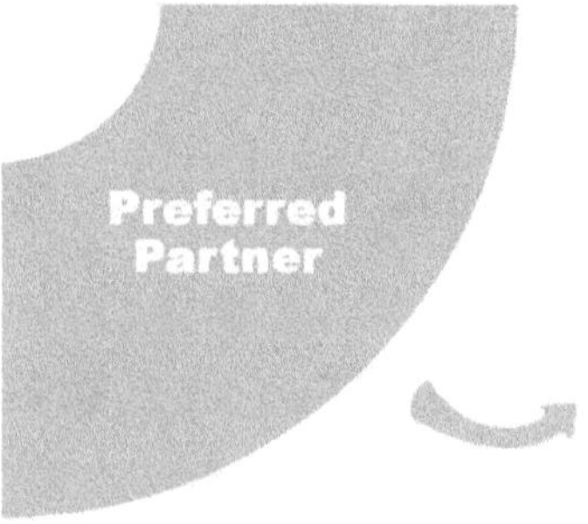

क. संगठित व्यापार प्लेटफार्म बनाकर डीलरशिप की बेहतर छवि बनाना

ख. बाजार में खुद को पसंदीदा रिसेलर के रूप में स्थापित करना

ग. ग्राहकों से प्राथमिकता (प्रिफरेंस) पाना

घ. ग्राहक की नजर में विश्वास और प्रमाणिकता का माहौल बनाना

ङ. डीलर को एकाधिकार बाजार की पेशकश करने वाले और उसके बाजार की सुरक्षा करने वाले ब्रांड का चयन करना

फ्रेमवर्क के इन स्तंभों और उनके प्रत्येक घटकों के साथ-साथ आपके द्वारा प्रतिदिन सामना की जाने वाली वास्तविक समस्याओं को दूर करने के लिए उनके अनुप्रयोग के बारे में पहले ही विस्तार से चर्चा की जा चुकी है।

आगे की राह

हमने अपने व्यवसाय पर भी इस फ्रेमवर्क की रणनीतियों का प्रभाव देखा है। अगर सही मार्गदर्शन, सही तरीके से और सही भावना के साथ इन्हें लागू किया जाए तो परिणाम निश्चय ही अविश्वसनीय रूप से प्रभावशाली होंगे।

इसलिए, आप में से जो भी 4पी ग्रोथ फ्रेमवर्क और टीएमटी डीलरशिप में 3 गुना लगातार वृद्धि के गारंटीकृत विज्ञान को विस्तार से समझना चाहते हों उन्हें हम खुले तौर पर आमंत्रित करते हैं।

कृपया नीचे दिए गए क्यू.आर. कोड को स्कैन करें और गूगल फॉर्म भरें। हम शीघ्र ही आपसे संपर्क करेंगे।

इसके अलावा, हमने 4पी ग्रोथ फ्रेमवर्क के आधार पर आपके टी.एम.टी. डीलरशिप के लिए एक ग्रोथ मैप बनाया है।

और अपनी टी.एम.टी. डीलरशिप के विकास हेतु कुछ बड़ा करने के लिए आपको उत्साहित करने के लिए, **निम्नलिखित क्यू.आर. कोड भरने वाले व्यक्ति के पंजीकृत मोबाइल नंबर पर हमारी तरफ से एक नायाब तोहफा भेजा जाएगा।**

हमारी मीटिंग में, बिना किसी सवाल-जवाब के ही हम आपको कुछ और भी अद्भुत लेकिन सरल टूल्स देंगे, जिन्हें आप पहले दिन से ही अपने व्यवसाय में लागू कर सकते हैं।

साथ मिलकर, हम आपकी टीएमटी डीलरशिप के लिए एक ऐसी विकास योजना बनाएंगे जो इससे पहले कभी नहीं बनाई गई होगी। नि:संदेह यह आपके लिए एक जादुई और परिवर्तनकारी यात्रा साबित होगी।

नोट्स: